D1648398

Леонид Спивак

СТРАНА
ЗА ГОРИЗОНТОМ

БОСТОН · **2022** · BOSTON

СЕРИЯ

«ПОРТРЕТЫ НА ФОНЕ ЭПОХИ»

ВЫПУСК 8

Леонид Спивак. *Страна за горизонтом*

Leon Spivak. *The Land Beyond the Horizon
(Strana za gorizontom)*

Редактор: Юлия Грушко

ISBN 978-1950319756

Published by M•Graphics | Boston, MA
🖳 www.mgraphics-books.com
✉ mgraphics.books@gmail.com

Дизайн обложки: Виктория Спивак, Юлия Тимошенко, Михаил Минаев © 2022
Фото автора на обложке: В. Машатин © 2016

При подготовке издания использован модуль расстановки переносов русского языка **batov's hyphenator**™ (www.batov.ru)

Printed in the U.S.A.

Автор выражает благодарность
всем своим друзьям, оказавшим поддержку
в создании книги.

Особая благодарность Светлане Арефьевой,
Александру Литваку, Михаилу Минаеву,
Алёне Яворской и Светлане Ярмолинской
за ценные поправки и критические замечания.

Ревекке, Анне и Виктории —
трём поколениям моей семьи

Горизонт — кругозор, всё видимое вокруг наблюдателя пространство, до конечных пределов его.

«Толковый словарь русского языка»
Д. Н. Ушакова, 1935

Круглая дата не за горами. Совсем скоро исполнится сто лет самой известной русской книге о США. Для нескольких поколений российских читателей «Одноэтажная Америка» Ильфа и Петрова оказалась основным источником знаний о «настоящих» Северо-Американских Соединённых Штатах, как тогда именовали страну.

В сентябре 1935 года корреспонденты главной советской газеты «Правда» Илья Ильф и Евгений Петров на пароходе «Нормандия» пересекли Атлантику. С того времени исследователи ведут споры, кто устроил писателям длительную творческую командировку за океан и существовал ли идеологи-

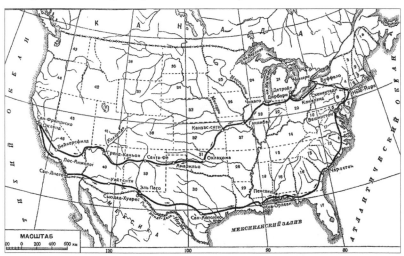

Карта путешествия Ильфа и Петрова
29 октября 1935 г. — 13 января 1936 г.

9

ческий заказ на будущую книгу. Одна из парижских русских газет сообщила читателям: «Сталин посылает Ильфа и Петрова в страну кока-колы».

Создатели двух знаменитых юмористических романов— «Двенадцати стульев» и «Золотого телёнка»—должны были поведать всю правду о ведущей стране капиталистического Запада. В 1933 году американским президентом стал Франклин Делано Рузвельт, восстановивший дипломатические отношения США с Советским Союзом и немало сделавший для сближения двух стран. На непродолжительный «медовый месяц» в отношениях между Вашингтоном и Москвой приходится американское турне русских писателей.

В Штатах Ильф и Петров провели почти четыре месяца. За это время дважды на автомобиле пересекли страну от атлантического берега до Тихого океана и обратно. Итогом путешествия стала необычная книга—вполне объективная, вдумчивая и парадоксальная работа «корифеев сатиры», неожиданно ставших серьёзными в «Одноэтажной Америке».

Можно с большой долей уверенности предположить, что ни сами авторы, ни номенклатурные советские заказчики этой книги не догадывались, каким будет творческий итог заокеанского вояжа. Не просто журналистский травелог, но литературный памятник эпохи ведёт своё начало с того дня, когда Ильф и Петров спустились с двадцать седьмого этажа гостиницы «Шелтон» и оказались на шумных улицах главного города Америки.

ПРИЮТ-НА-ГУДЗОНЕ

Нью-Йорк — единственное место в Соединённых Штатах, о котором избыточно много написано на русском языке. На долю всей остальной страны не насчитать и десятой части того, что сказано в адрес Города большого яблока. Административно Нью-Йорк, гордо именующий себя «столицей мира», — всего лишь райцентр, даже не столица своего штата. Метафизически этот город издавна присутствует в русской культуре, нередко подменяя собой образ всей Америки.

Ильф и Петров не относятся к пионерам русского литературного открытия Нового Света. Их знаменитые современники Горький, Есенин и Маяковский, побывав в Соединённых Штатах, оставили неравнодушные строки об увиденном по ту сторону Земли. Как написал Сергей Есенин, «перед Америкой мне Европа показалась старинной усадьбой…» Но, в отличие от Ильфа и Петрова, им не удалось увидеть страну-континент, разглядеть её горизонты. И только через два десятилетия после появления «Одноэтажной Америки» совершится другое, но слишком скандальное автомобильное путешествие через материк героев самого известного романа Владимира Набокова.

Мало кто сегодня попадает в Нью-Йорк морем, выдержав многодневное атлантическое чистилище. Мегаполис, встающий на горизонте прямо из первозданной пустыни океана, оставляет первое и самое сильное зрительное впечатление. Недаром у Есенина, которому Нью-Йорк решительно не понравился, вырвалось: «Разве можно выразить эту железную и гранитную мощь словами?! Это поэма без слов».

Впрочем, слов было много. Полемическая литературная традиция родилась в 1906 году, когда Максим Горький издал памфлет-гротеск «Город Жёлтого Дьявола». Мастеру русского слова был чужд трепетный импрессионизм. Начальная сцена очерка обозначила горьковский стиль: «Массивная фигура бронзовой женщины покрыта с ног до головы зелёной окисью. Холодное лицо слепо смотрит сквозь туман в пустыню океана, точно бронза ждёт солнца, чтобы оно оживило её мёртвые глаза. Под ногами Свободы — мало земли, она кажется поднявшейся из океана, пьедестал её — как застывшие волны...»

Ильфу и Петрову не подходила мрачная эстетика пролетарского писателя. Для Горького крупнейший город Северной Америки — в первую очередь, «угрюмая фантазия из камня, стекла и железа». Ильф и Петров разбивают укоренившееся представление лёгкой фразой в начале книги: «В Нью-Йорке ещё никто не пропадал». Так возник заочный диалог в русской литературе, длящийся более ста лет.

История Нью-Йорка состоялась на островном клочке земли, в радиусе не более полумили. Во времена, когда поселение ещё именовалось Новым Амстердамом, возник сад Боулинг-Грин, начало нынешнего Бродвея, где добропорядочные голландские бюргеры играли в шары. Затем английские «отцы города» воздвигли здесь конную статую короля Георга III. Напротив, в начале Уолл-стрит, американские бунтари поставили мраморную статую премьер-министра У. Питта, либерала и союзника колоний. Во время революции бронзового короля Георга свергли и переплавили на пули, а статую Питта в отместку обезглавили британские солдаты. На той же улице генерал-победитель Вашингтон принёс присягу в качестве первого президента США, а на месте Боулинг-Грин теперь стоит бронзовый бык, символ мощи Уолл-стрит.

Любой мегаполис в первую очередь представляет определённый уклад жизни. У Нью-Йорка особая энергетика — единственное, в чём сходятся как его почитатели, так и недруги. Волжанина Пешкова ужаснул урбанистический пейзаж: «Вокруг кипит, как суп на плите, лихорадочная жизнь, бегут, вертятся, исчезают в этом кипении, точно крупинки в бульоне, как щепки в море, маленькие люди».

Одесситы-жизнелюбы Ильф и Петров предложили иную стилистику:

> Сейчас же с нами произошла маленькая беда. Мы думали, что будем медленно прогуливаться, внимательно глядя по сторонам,— так сказать, изучая, наблюдая, впитывая и так далее. Но Нью-Йорк не из тех городов, где люди движутся медленно. Мимо нас люди не шли, а бежали. И мы тоже побежали. С тех пор мы уже не могли остановиться. В Нью-Йорке мы прожили месяц подряд и всё время куда-то мчались со всех ног. При этом у нас был такой занятой вид, что сам Джон Пирпонт Морган-младший мог бы нам позавидовать. При таком темпе он заработал бы в этот месяц миллионов шестьдесят долларов.

Максиму Горькому принадлежит интересное определение американских высотных домов—«скребницы неба», которое не прижилось. В его времена дома в Нью-Йорке превысили высоту в двадцать этажей, что поражало воображение. За год до приезда в Америку Ильфа и Петрова здесь вознёсся 102-этажный Эмпайр Стейт Билдинг с мачтой для причаливания дирижаблей: «Душа холодела при виде благородного, чистого здания, сверкающего как брус искусственного льда».

Высочайшее в мире здание возводилось в самые тяжёлые годы Великой депрессии, поэтому Эмпайр воспринимался как символ надежды и манифест незыблемости капитализма. В 1945 году великая архитектурная доминанта подверглась смертельному испытанию. Бомбардировщик Б-25, сбившись в тумане с пути, врезался в башню на уровне 78-го этажа. Один из моторов, пробив семь стен, упал на крышу соседнего дома. Гигантская несущая конструкция Эмпайра, на которую пошло триста тысяч тонн стали, выдержала удар без видимых повреждений.

Однажды увидав на Пятой авеню светофоры (ещё не укоренившееся и вычурное слово), Маяковский прозвал их «уличными полицейскими маяками». Со строк поэта в российский лексикон начинают активно проникать американизмы. Любо-

«Дом-утюг». Дагерротип 1904 года

пытно, что в русском языке наряду с утвердившимся в конечном итоге «небоскрёбом» (кальке с английского) некоторое время использовался синоним «тучерез».

Илья Эренбург писал: «Кому неизвестно, что Венеция — сказка для влюблённых или для англосаксов; что Вена — томик новелл, невзыскательных и старомодных; что Париж сложен и запутан, как классический роман...» Нью-Йорк обрёл большинство перечисленных качеств в новеллах О. Генри, сегодня несколько старомодных, где в лабиринте узких улиц встречаются влюблённые, где рождаются трогательные городские притчи.

Уильям Сидни Портер, взявший псевдоним О. Генри, как и большинство населявших Нью-Йорк, был пришлым. В молодости аптекарь, ковбой и коммивояжёр, осуждённый за растрату банковский клерк, он не просто принял этот город, но оказался его самым популярным бытописателем. Вавилон-на-Гудзоне, Багдад-над-Подземкой — цветистые образы О. Генри, ставшие эпосом самого американского города.

Историческое ядро мегаполиса — длинный и узкий остров Манхэттен — нарезан строго расчерченной сеткой авеню и улиц, имеющих свои порядковые номера. Военный топограф Де Витт, в 1811 году разлиновавший схему для упорядочивания городского строительства, не предполагал, что сей план назовут «самым крупным памятником американского классицизма».

Верх рационализма, античная гипподамова система, создавшая две с лишним тысячи прямоугольных унифицированных нью-йоркских блоков, породила в эпоху небоскрёбов неожиданный романтический эффект. Горожане прозвали его «манхэттенхенджем». По аналогии с древними мегалитами британского Стоунхенджа четыре раза в год восходящее или заходящее солнце доступно для наблюдения с параллельных улиц Манхэттена, проложенных, согласно плану, перпендикулярно к городским авеню.

Как подметил культуролог Пётр Вайль, Нью-Йорк возвращает к «Колумбовым ориентирам», ибо здесь все соотносят себя со странами света: «на северо-восточном углу», «двумя кварталами южнее», «западная сторона улицы». А собственным нулевым меридианом служит респектабельная Пятая авеню, от которой ведётся отсчёт восточной и западной половин Манхэттена.

Чуждый упорядоченности О. Генри находил уголки, не подчинявшиеся строгой городской табели. Узкий и извилистый Бродвей, бывшая индейская тропа, «гуляет» сам по себе. Идущий через остров по диагонали, Бродвей оставляет треугольники небольших площадей, которые О. Генри населял обаятельными персонажами. Его младший современник Сергей Есенин, окрестивший Нью-Йорк «Железным Миргородом», признавался: «На наших улицах слишком темно, чтобы понять, что такое электрический свет Бродвея. Мы привыкли жить под светом луны, жечь свечи перед иконами, но отнюдь не пред человеком...»

Другим топографическим исключением оказалась бывшая деревушка Гринич-Виллидж, поглощённая городом, но сохранившая имена, а не номера улиц. В начале прошлого века Гринич-Виллидж был итальянской колонией в Нью-Йорке, известной производством дамских шляп—бизнес сколь доходный в те времена, столь и артистический. Затем сюда пришли поэты и художники. О. Генри в «Последнем листе» писал: «В небольшом квартале к западу от Вашингтон-сквер улочки перепутались и переломались в короткие полоски, именуемые проездами. Эти проезды образуют странные углы и кривые линии. Одна улица там даже пересекает самое себя раза два... И вот люди искусства набрели на своеобразный квартал Гринич-Виллидж в поисках окон, выходящих на север, кровель XVIII столетия, голландских мансард и дешёвой квартирной платы».

Триумфальная арка в честь первого президента Вашингтона венчает декадентский Гринич-Виллидж, приют литераторов, музыкантов и бунтарей, и открывает чуждую ему буржуазную Пятую авеню. Зимой 1917 года, взобравшись на арку, французский скандалист-дадаист Марсель Дюшан провозгласил Гринич-Виллидж независимой республикой американской богемы. Так «столица мира» обрела собственный «Монмартр» и свою культовую мифологию.

Нью-Йорк, несмотря на почтенные голландские корни, британское колониальное прошлое и определяющее влияние на историю Соединённых Штатов, город относительно молодой. Никакой архитектурной «седой старины» здесь нет и в помине. Исключение составляет чопорная английского классицизма часовня Святого Павла 1766 года на Бродвее, пережившая Войну за независимость, городские пожары, дикий капитализм и рухнувшие совсем рядом две башни Всемирного торгового центра после террористической атаки 2001 года.

В Нью-Йорке здания не живут долго. На обломках прошлого немедленно возводится что-то новое и грандиозное. Ильф и Петров отметили это по-своему: «Трудно поверить, но какие-нибудь семьдесят лет тому назад на углу Пятой авеню и 42-й улицы, на том месте, где за пять минут скопляется такое количество автомобилей, какого нет во всей Польше, стоял деревянный постоялый двор, выставивший к сведению мистеров проезжающих два многозначительных плаката:

Не разрешается ложиться в постель в сапогах.

и
**Запрещено ложиться в одну постель больше,
чем шести постояльцам».**

В 1809 году литератор Вашингтон Ирвинг сказал: «Города сами по себе и даже империи сами по себе—ничто без историка». В тот год Нью-Йорк, обогнав старые колониальные центры Бостон и Филадельфию, стал самым крупным по числу жителей городом страны и обрёл своего первого летописца.

Большое яблоко начиналось юмористической литературой. Осенью 1809 года горожане увидели газетное объявление о пропаже пожилого джентльмена Дитриха Никербокера. Через три недели появилось новое объявление, тоже оказавшееся мистификацией, что хозяин гостиницы, откуда якобы пропал постоялец, продал в счёт оплаты его долгов найденную рукопись Никербокера. Так увидела свет «История Нью-Йорка от сотворения мира до конца голландской династии». Прятавшийся под литературной маской Ирвинг оказался на редкость

А. Стиглиц. «Гостиница Шелтон»

ироничным автором и даже эксцентриком, а в просвещённой Европе с удивлением обнаружили, что за океаном есть люди «с пером в руке, а не на голове».

Вашингтон Ирвинг, рассказывая побасенки из колониального прошлого, подарил городу ощущение себя как важного незавершённого произведения. Спустя полтора столетия архитектор и изобретатель Бакминстер Фуллер сказал, что в постоянном изменении Нью-Йорка проявляется смена статичного, ньютоновского видения мира новым, воспитанным на эйнштейновском понятии относительности. Из тех же, кто в начале века нынешнего писал об этом городе по-русски, наиболее образно высказался Александр Генис: «Рыжие эстакады надземки нарезали Манхэттен, как Рим — акведуки. Ветхие инсулы жилых кварталов наивно маскировали лепниной бедность. Орлы, латынь и лавры украшали муниципальные дворцы форума. Украв и присвоив старосветские образцы, Нью-Йорк склеился в дикое чудо без умысла и порядка, подчиняясь наживе и случаю. Благодаря архитектурной безалаберности одно здесь никогда не мешало другому. Поскольку Нью-Йорк не бомбили (до 11 сентября было ещё далеко), новое росло на допотопном, как опята на сгнивших пнях».

О. Генри был одним из литературных предшественников и учителей Ильфа и Петрова. Остап Бендер в «Двенадцати стульях» прямо цитирует Энди Таккера, персонажа из цикла рассказов «Благородный жулик». О. Генри был необычайно популярен среди советских читателей, а на ильфопетровских страницах неоднократно встречаются отсылки к американскому новеллисту. Неожиданно близким оказывается образ незнакомого города, который собираются посетить «благородные» комбинаторы-жулики. В «Золотом телёнке» южный город «нарезан аккуратно, как торт». Герои рассказа О. Генри «Деловые люди» воспринимают Нью-Йорк как десертное блюдо, которое «уже выложено на тарелочку».

«Нью-Йорк населяют четыре миллиона таинственных чужестранцев, — сообщил О. Генри. — Они попали сюда разными путями и по разным причинам: Генри Гудзон, школы живописи, овощные рынки, аист, ежегодный съезд портных, Пенсильванская железная дорога, жажда наживы, сцена, дешёвый экс-

Любимая таверна О.Генри

курсионный тариф, мозги, брачная газета, тяжёлые ботинки, честолюбие, товарные поезда—всё это принимало участие в создании населения Нью-Йорка».

Причудливым семантическим образом переплетались пейзажи Вавилона-на-Гудзоне у американского и русских рассказчиков. Из гостиницы «Шелтон» Илья Ильф отправил в Москву письмо жене: «Этот город я полюбил. Его можно полюбить, хотя он чересчур большой, чересчур грязный, чересчур богатый и чересчур бедный. Всё здесь громадно; всего много. Даже устрицы чересчур большие. Как котлеты».

В той же гостинице «Шелтон» тремя этажами выше обитает одна из самых богемных пар страны: Альфред Стиглиц и Джорджия О'Кифф. О существовании друг друга русские и американские постояльцы отеля никогда не узнали, разве что встретились в бронзово-зеркальном лифте, где джентльменам было положено снимать шляпы в присутствии дамы.

В 1905 году Альфред Стиглиц открыл небольшую галерею «291», названную по номеру дома на Пятой авеню. Здесь впервые в Новом Свете выставлялись полускандальные мо-

20

дернистские произведения из Парижа—Сезанн, Пикассо, Матисс (даже музей Метрополитен отказывался их принять). Сам Стиглиц стал пионером американской художественной фотографии и нью-йоркского пейзажа. Особенно известен его фотоцикл, посвящённый первому небоскрёбу «Флэтайрон» («Утюг») на скосе Бродвея и Пятой авеню. «„Утюг" поразил меня,—писал Стиглиц.—Он словно бы двигался в мою сторону, точно нос громадного океанского парохода—картина новой Америки в процессе созидания».

Таким же видением в 1916 году вошла в его жизнь Джорджия О'Кифф, искавшая свои выразительные образы среди вершин и ущелий Манхэттена. Стиглиц ввёл молодую художницу в мир нью-йоркской богемы; за те десятилетия, что они были вместе, он сделал несколько сотен её снимков. Когда союз распался, О'Кифф отправилась на американский Запад и открыла миру самую экзотическую часть страны.

«В других городах вы можете странствовать или жить чужаком сколько вам угодно,—писал О. Генри.—Но в Нью-Йорке вы должны быть или ньюйоркцем, или варваром, вторгшимся в эту современную Трою и прячущимся в деревянном коне своего надутого провинциализма».

В русской душе Нью-Йорк-Сити порождал всю гамму эмоций, от любви до ненависти... У Маяковского этот маятник чувств особенно заметен, начиная от хрестоматийного «Я в восторге от Нью-Йорка города» до рецепта теракта: «Под Волстрит тоннель-сабвей, а если набить его динамитом и пустить на воздух к чертям свинячим...»

И всё же «столице мира» присущ частный характер, что подчёркивает его топография. В Манхэттене, который издали, по ту сторону Гудзона, напоминает друзу разрывающих горизонт острых кристаллов, нет ни одной городской площади в понимании европейском. Их функции взял на себя Центральный парк, заложенный в 1858 году и ставший любимым персонажем городской саги. У многих поколений, населявших Метрополис, возникли свои, личностные отношения с романтическими аллеями, прудами и открытыми зелёными пространствами острова. Сегодня с трудом верится, что парк

А. Стиглиц. «Центральный вокзал»

был гигантским рукотворным проектом на камнях и болоте великого мечтателя Фредерика Ло Олмстеда, пейзажного архитектора и философа. На площади, где вполне могли бы разместиться два княжества Монако, проложили километры дренажных систем и завезли плодородную землю из штата за рекой, прорыли искусственные водоёмы и взорвали скальные породы — на всё это «на диком севере» Манхэттена ушло больше пороха, чем при Геттисберге, крупнейшем сражении Гражданской войны в США. В 1905 году Константин Бальмонт высказался о Сентрал-парке вполне в духе О. Генри: «...в нём нет помпы и блеска хвалебной оды, но есть светлая лирика, есть нежность элегии».

Нью-Йорк, как и Москва, огромный странноприимный дом, в который попадали провинциалы и эмигранты, становились здесь своими, обживали Большое яблоко искушения, раздора и познания. Городские новеллы О. Генри с их лирическим юмором, невероятными жизненными поворотами, смешением возвышенного и комического и непреходящей верой в счастливый конец затронули души читателей. Нечто похожее случилось в советской стране, когда на полвека любимым фильмом стала новогодняя сказка с огенриевским сюжетом и названием «Ирония судьбы».

Судьба на прощанье одарила писателя грустной шуткой, совсем в его стиле. Отпевание обнищавшего и рано ушедшего О. Генри состоялось в церкви Преображения, которую коренные ньюйоркцы и сам писатель называли «Маленькой церковью за углом» (за углом от Пятой авеню). Во время скромной панихиды в храм ввалилась весёлая свадьба. Радостные жених и невеста с родителями и друзьями не сразу поняли, что их звонкому счастью придётся немного подождать на паперти.

ФАНТАЗИИ СКЕНЕКТЕДИ

Прожив почти месяц в великом американском городе, Ильф и Петров услышали сакраментальную фразу, которую наверняка слышал каждый из приезжавших в Соединённые Штаты: «Нью-Йорк — это вовсе не Америка. Нью-Йорк — это только мост между Европой и Америкой. Вы всё ещё находитесь на мосту».

Писатели, купив в кредит (на собственные гонорары и выделенные советским издательством деньги) недорогой экономичный «форд», отправляются на поиски подлинной Америки. Континент расстилается чистым листом — кому из начинающих большое автомобильное путешествие не знакомо это волнующее чувство?

Помимо самих авторов, в трансконтинентальном вояже участвует супружеская пара Адамсов, с которой они познакомились в Нью-Йорке. Ильф и Петров поведали о своих тяготах в поиске компаньонов:

«В самом деле, нам нужен был человек, который:
умеет отлично вести машину,
отлично знает Америку, чтобы показать её нам как следует,
хорошо говорит по-английски,
хорошо говорит по-русски,
обладает достаточным культурным развитием,
имеет хороший характер, иначе может испортить всё путешествие,
и не любит зарабатывать деньги…
Таким образом, фактически нам требовалось идеальное существо, роза без шипов, ангел без крыльев, нам

24

нужен был какой-то сложный гибрид: гидо-шоферо-переводчико-бессребреник».

Миссис Адамс, Бекки, выступившая в роли шофёра, само воплощение американского здравого смысла: обязательная и дисциплинированная в жизни, строгая и ответственная в пути, «идеальная спутница в дороге». Образ мистера Адамса, смешного рассеянного толстяка, то и дело попадающего в нелепые дорожные ситуации, выдаёт симпатии авторов. Он нечто среднее между мистером Пиквиком и Санчо Пансой, но либеральных взглядов западного интеллигента.

Путешествие по американской карте происходило против часовой стрелки. Именно всесведущий мистер Адамс, о котором речь пойдёт ниже, предложил писателям отправиться следующим маршрутом: Нью-Йорк, Чикаго, Канзас, Оклахома, Санта-Фе, Лас-Вегас, Сан-Франциско, Лос-Анджелес, Сан-Диего, Сан-Антонио, Новый Орлеан и столицу США — Вашингтон.

В октябре 1935 года началось большое литературное путешествие. «Красный осенний пейзаж раскрывался по обе стороны дороги. Листва была раскалена, и когда уже казалось, что ничего на свете не может быть краснее, показывалась ещё одна роща неистово красного индейского цвета. Это не был убор подмосковного леса, к которому привыкли наши глаза, где есть и красный цвет, и ярко-жёлтый, и мягкий коричневый. Нет, здесь всё пылало, как на закате, и этот удивительный пожар вокруг Нью-Йорка, этот индейский лесной праздник продолжался весь октябрь».

Первой большой остановкой в пути был промышленный Скенектеди (Schenectady) в середине штата Нью-Йорк. Илья Ильф напишет жене в Москву: «…Скенектеди, прежде область могикан, а теперь город, где помещаются заводы „Дженерал Электрик“, заводы самой передовой американской техники. Скенектеди — это родина электричества. Здесь его, в общем, выдумали, здесь работал Эдисон, здесь работают мировые учёные».

Парадоксальным образом Скенектеди отмечен американской и русской литературой. Достаточно сказать, что его с нежностью упоминал в «Других берегах» охотник за бабоч-

Мэрия Скенектеди

ками Владимир Набоков: «Там у меня летает один из любимейших моих крестников, мой голубой samuelis».

В 1950 году «среди пустоши, поросшей соснами, среди абсолютно изумительных зарослей люпина» Набоков поймал и описал новый подвид чешуекрылых. В течение нескольких лет, движимый неуёмным интересом ученого-энтомолога, он возвращался в «место под соснами» — так дословно переводится индейское название Скенектеди — «в общество бабочек и кормовых их растений».

Авторов будущей «Одноэтажной Америки» привели сюда рукотворные чудеса. «Позади поля, на крыше шестиэтажного здания медленно накалялся и медленно угасал вензель „G.E.“ — „Дженерал Электрик Компани“. Вензель был похож на императорский. Но никогда императоры не обладали таким могуществом, как эти электрические джентльмены, завоевавшие Азию, Африку, утвердившие свой герб над Старым и Новым Светом. Ибо почти всё в мире, имеющее отношение к электричеству, в конце концов имеет отношение к „Дженерал Электрик“».

Мистер Адамс, пользуясь своими связями, устроил писателям визит в штаб-квартиру корпорации. Об этом написана отдельная глава книги — ироничная, подробная, рассказывающая не только об удивительной бытовой технике, но и американской рекламе, продаже товаров в кредит и многом другом. Ильф коротко написал жене: «Целый день мы смотрели электрические чудеса… Здесь надо было бы побыть хоть неделю».

У истоков «империи электричества» стояли великие американские экспериментаторы. Запускавший с риском для жизни воздушного змея в грозовое небо Бенджамин Франклин заложил основы теории электричества. Физик Джозеф Генри, использовавший старые шёлковые платья жены в качестве изолятора, сумел создать крупнейшие для XIX века электромагниты. А молодой задиристый мечтатель Томас Эдисон заявил: «Мы сделаем электричество настолько дешёвым, что только богатые будут жечь свечи».

В одном из очерков Марка Твена в 1904 году описан невиданный аппарат «телеэлектроскоп», благодаря которому из Лондона можно наблюдать Пекин. На главной улице Скенектеди Ильф и Петров могли видеть бывший водевильный театр «Проктор», в котором в 1930 году состоялась первая в мире публичная телевизионная трансляция («Электрический глаз»). Здесь же через год открылась первая «постоянно работающая телевизионная станция» с неудобоваримым названием «Дабльютуикссидаблью» (W2XCW). Впрочем, в 1939 году газета «Нью-Йорк Таймс» авторитетно заявляла, что телевидение никогда не станет серьёзным конкурентом для радио, поскольку «люди должны сидеть и смотреть на экран, а у средней американской семьи на это нет времени».

За год до поездки в Америку Ильф и Петров озаглавили один из своих газетных фельетонов «Техника на грани фантастики» — и бойкая фраза на несколько десятилетий вошла в советский лексикон. В заокеанском Скенектеди для самих писателей многое выглядело фантазиями о будущем: «Тут были и электрическая бритва, и пылесос последней конструкции, и стиральная машина, и особый гладильный пресс, заменивший собой электрический утюг, этот анахронизм двадцатого века».

Здесь нужно сделать экскурс во времени. В СССР в 1935 году домашние «электрические морозильные шкафы» были только у членов Политбюро и немногих избранных, а посудомоечные машины и прочие бытовые диковинки не могли даже привидеться простому советскому человеку. Неподдельный, почти детский восторг перед стиральным агрегатом сегодня трудно вообразить, но великолепно описан у Набокова. Профессор-эмигрант Пнин «скармливает» блестящей сливочной эмалью машине «всё, что попадалось под руку: свой носовой платок, кухонные полотенца… всё это единственно ради счастья следить сквозь иллюминатор за тем, что походило на бесконечную чехарду заболевших вертячкой дельфинов».

Для советского читателя многое требовало объяснения. В конечном итоге, американские достижения цивилизации избавляли домохозяек от «кухонного рабства» и ежедневных бытовых затруднений. Концепция «освобождённой женщины» была очень популярна в Советском Союзе. И здесь в «Одноэтажной Америке» находится место вынужденному журналистскому лукавству, уступке времени и идеологии: «...социальное устройство не даёт американцу заработать денег на покупку этих предметов».

Скенектеди, основанный голландскими поселенцами на индейской реке Мохок, не менее известен старинным Юнион-колледжем, в штате Нью-Йорк уступающим по возрасту только Колумбийскому университету. Архитектурный план колледжа разработал известный французский зодчий-классицист Жозеф-Жак Раме, что было первым подобным

Американская домохозяйка

опытом в США. Соавтором архитектора выступал президент колледжа, просветитель и изобретатель Э. Нотт, которому принадлежит абсолютный американский рекорд: он возглавлял свою *alma mater* в течение 62 лет.

Выпускники сего почтенного учебного заведения оставили след на многих страницах американской летописи: от великих инженеров до 21-го президента США Честера Артура. Студентом Юниона короткое время был Джордж Вестингауз, гениальный изобретатель, запомнившийся долгой «войной патентов» с Эдисоном, иногда называемой «войной постоянного и переменного тока». Маг и волшебник электричества Томас Алва Эдисон затратил уйму времени и средств — от опытов на собаках до усовершенствования казни на электрическом стуле — в тщетной попытке опровергнуть промышленные достоинства переменного тока. Крест на усилиях Эдисона поставил его сотрудник, а затем блестящий соперник физик Никола Тесла.

Спустя много лет в Скенектеди отправился начинающий литератор Курт Воннегут. Об этом городе он написал свой первый бестселлер «Механическое пианино». И, как вспо-

Застройка конца XIX века в Скенектеди

минал позднее Воннегут, был немедленно причислен к писателям-фантастам, ибо «для критиков, которые никогда там не бывали, это казалось фантазиями о будущем».

Литераторы и политики, исследователи и нобелевские лауреаты—таков исторический багаж «большого маленького города», как окрестили его московские визитёры. Труженик Скенектеди производил для всего мира просторные холодильники («мечта молодожёнов», по Ильфу и Петрову) и мощные локомотивы, которые покупал Советский Союз, кухонные миксеры («электрические машинки для сбивания яиц») и гигантские турбины для строившихся в СССР электростанций. «Бытовой» прогресс в США опережал самые смелые фантазии—в этом создатели «Одноэтажной Америки» убеждают нас почти в каждой «городской» главе. Трудно даже вообразить, как отнеслись бы соавторы к столь необходимым в наши дни домашним автоматическим диспенсерам кошачьего корма.

Близ штаб-квартиры «Дженерал Электрик» писатели встретили пожилого усатого украинца, торгующего ещё не известным в СССР попкорном. Покинувший «лет тридцать тому назад» маленькую деревушку в Волынской губернии, безымянный продавец кукурузных хлопьев жалуется на иммигрантскую судьбу и гротескно смешивает три языка («Так и жизнь прошла, як один дэй»). Историк американской литературы Н. А. Анастасьев нашёл скрытые аллюзии: «Всё, или по крайней мере многое, сходится: и сроки, и путь жизни, так что, совсем не исключено, Илье Ильфу и Евгению Петрову встретился на американских перекрёстках тот самый, только сильно постаревший Матвей Лозинский…» Речь идёт о герое рассказа В. Г. Короленко «Без языка» (1895), первом из русских художественных произведений на американскую тему.

«В общем это, конечно, большой город,—высказались о столице электропромышленности острые на язык советские гости.—В нём много асфальта, кирпича и электрических ламп,—может быть,—даже больше, чем в Риме. И уж наверно больше, чем в Риме,—электрических холодильных шкафов, стиральных машин, пылесосов, ванн и автомобилей. Но этот город чрезвычайно мал духовно, и в этом смысле он мог бы целиком разместиться в одном переулочке».

Скенектеди как метафора американской провинции впервые возникнет у плодовитого романиста XIX века Генри Джеймса, признанного литературного мэтра по обе стороны Атлантики. Повесть «Дейзи Миллер» (1878) — путешествие в Европу юной и наивной дочери бизнесмена из Скенектеди — впервые вводит в американскую словесность социокультурные противоречия двух континентов. Генри Джеймс объяснил соотечественникам, что не приемлют в них рафинированные европейцы: вульгарный практицизм, отсутствие культурного багажа, резкую речь янки, свободные манеры американских женщин (включая курение).

Простодушная дочь Скенектеди столкнётся с холодным высокомерием общества и тонкой интригой соблазнения и не закончит путешествия — подхватит смертельную лихорадку, гуляя ночью среди развалин старого Рима (древние замки и Колизей как олицетворение безжизненной, «музейной» европейской культуры). Социальный конфликт у Джеймса поднимается до высокой символики, которую использовал позднее Набоков: провинциальная и обольстительная Лолита-Америка и пресыщенный искушённый Старый Свет, который ведут к саморазрушению заложенные в нём противоречия.

У каждого из приехавших в Соединённые Штаты случилось собственное их открытие, порой весьма своеобразное. Город на реке Мохок поразил Ильфа и Петрова «высоким техническим разумом», который «с предельным умением» порождал большие и малые современные чудеса: электрическую кухонную плиту (её называли беспламенной плитой) с вытяжкой и таймером, прибор-регулятор температуры для комнат и спален, выбрасывающий кубики льда рефрижератор и термощипцы для завивки волос… Равнодушный к материальным достижениям американской цивилизации Владимир Набоков отыскал в рощах близ Скенектеди доказательства своего анализа таксономического значения гениталий неарктических форм бабочек-голубянок.

ИСТОРИЯ С ЗОЛОТЫМ ПОРТСИГАРОМ

Ильф и Петров — имена в некотором смысле загадочные. Несмотря на большое количество воспоминаний, мы слишком мало знаем их историю. Авторы культовых книг для нескольких поколений, они породили немалое количество мифов, стали объектом для самых парадоксальных историко-литературных исследований и домыслов.

Официальные советские биографии Ильфа и Петрова бедны событиями. Старший из будущего писательского дуэта, Илья Ильф, был третьим сыном одесского банковского служащего Арье Файнзильберга. Глава семейства хотел, чтобы все мальчики получили надёжную специальность, поэтому Илья закончил ремесленное училище и начал работать в чертёжном бюро. К беспокойству отца, сыновья проявляли больше интереса к литературе и искусству, нежели к «практическим специальностям».

Евгений, младший в будущем литературном тандеме, сын преподавателя епархиального училища, в те годы зубрил греческий и латынь в классах 5-й одесской мужской гимназии. Более известен был его старший брат Валентин Катаев — подающий надежды литератор, чьё дарование оценил сам Бунин. Жизнь южного города у моря в ощущении надвигающихся бурь перейдёт на страницы известной катаевской повести «Белеет парус одинокий».

По подсчётам старожилов, власть в Одессе в годы революции и гражданской войны менялась четырнадцать раз: Антанта, гетман, Директория, Добровольческая армия. В повести «Сухой лиман» Валентин Катаев писал: «Немецкая оккупация и никому не понятная гетманщина сменялись петлюровщиной; петлюровщину вышибала молодая Красная гвардия;

Илья Ильф

Красную гвардию сменяли интервенты: высадились со своих военных транспортов отряды британской морской пехоты, которые бегали по улицам, гоня перед собою футбольные мячи, маршировали чёрные как смола сенегальские стрелки и зуавы в красных штанах и стальных касках — цвет французской оккупационной армии; появились греческие солдаты со своими походными двухколёсными фургонами, запряжёнными ослами и мулами; потом интервенты исчезли; их заменили белогвардейцы — деникинцы со своей контрразведкой, которая расстреливала и вешала ушедших в подполье большевиков...»

Летом 1919 года из-за наступления белой армии на Одессу под ружьё поставили даже негодных к строевой службе. Теоретически они могли видеть друг друга в прицел: рядовой красного ополчения Илья Файнзильберг и деникинский офицер Валентин Катаев, его одногодок и будущий друг.

Слишком опасные тайны ранней советской истории: многие из того поколения на протяжении всей жизни вынуждены были таить «скелеты в шкафу». Весной 1920 года Валентин Катаев и его младший брат Евгений были арестованы одесской ЧК. Младший, надеясь на снисхождение, уменьшил свой возраст. Фальшивый год рождения 1903 оставался с ним на всю жизнь. Братьям сильно повезло: их выпустили через полгода, в отличие от многих других, получивших в подвале чекистскую пулю в затылок.

После гражданской войны Илья Ильф перепробовал множество занятий, самым приличным из которых был бухгал-

Евгений Петров

терский учёт (мечта его отца) в заведении с названием Опродкомгуб. Сам Илья Арнольдович позднее признавался, что счетоводом оказался неважным и «после подведения баланса» перевесила литературная, а не бухгалтерская деятельность.

Первые журналистские опыты Ильфа в одной из одесских газет не оплачивались, зато в редакции выдавали ячневую кашу и солёную хамсу. Евгений Петров в это время работал следователем уголовного розыска и чаще всего выводил пером на серой казённой бумаге протокол осмотра трупа. По легенде, они даже не встречались в родном городе, что маловероятно, а познакомились уже в Москве.

Оба южанина, переехав в 1923 году в столицу, устроились, по протекции Валентина Катаева, в редакцию газеты «Гудок» в отдел фельетонов. Бесконечные коридоры Дворца Труда на набережной Москвы-реки, где размещалась редакция «Гудка», — точные прообразы тех, по которым в «Двенадцати стульях» мадам Грицацуева гонялась за Остапом Бендером. Задиристая газета железнодорожников не могла кануть в литературную Лету, ибо в ней, помимо Катаева, Ильфа и Петрова, в те же годы работали М. Булгаков, Ю. Олеша, К. Паустовский, а в шумную редакционную комнату «Гудка» нередко захаживали И. Бабель, В. Маяковский, В. Шкловский.

Вместе с первыми опубликованными фельетонами родились два знаменитых псевдонима. Илья (Иехиель-Лейб) Файнзильберг составил своё литературное имя на еврейский манер — как аббревиатуру из первых букв имени и фами-

Дворец Труда в Москве

лии—ИЛЬФ. Евгений Петрович Катаев, забросив писания протоколов следствия, взял (по отчеству) псевдоним Петров, чтобы не конкурировать с литературным именем старшего брата.

Судя по воспоминаниям Валентина Петровича, он предложил молодым фельетонистам авантюрный фабульный ход для первого совместного романа: «сюжет о бриллиантах, спрятанных во время революции в одном из двенадцати стульев гостиного гарнитура». Сам Катаев видел себя в роли Дюма-отца, наводящего финальный лоск на тексты начинающих литераторов. В обговорённых условиях «тройственного союза» фигурировал золотой портсигар (предмет особого шика), которым дебютанты должны были одарить «мэтра» с первого гонорара.

Сам того не ведая, Валентин Катаев стал «повивальной бабкой» гениальной двойни советской литературы. Прочитав рукопись «Двенадцати стульев», он понял, что никакого покровительства Илье Ильфу и Евгению Петрову уже не требуется, и убрал своё имя с титульного листа.

Дочь писателя Александра Ильф рассказывала:

> Вероятно, история соавторства не знает такой поразительно дружной пары. Они были половинами единого целого. Они дополняли один другого. У них был разный круг друзей и жены с несхожими характерами. Дети разного возраста. Разные вкусы и разные пристрастия. Все десять лет совместной работы, встречаясь почти ежедневно, они обращались друг к другу на «вы» (и вовсе не потому, что Ильф был на пять лет старше). Но это был единый организм, один писатель—«ИЛЬФПЕТРОВ».

Свой третий роман, «Одноэтажную Америку», авторы создавали необычным для себя способом—порознь, по главам, согласовав лишь общий план книги. Как впоследствии признавался Евгений Петров, «двадцать глав написал Ильф, двадцать глав написал я, а семь глав мы написали вместе, по старому способу». Исследователи сделают несколько попыток вычленить по тексту, кто именно что создал: начало, середину или финал. Оказалось, что соавторы, которых насмешливо именовали «сиамскими близнецами», выработали единую стилистику, неотличимый литературный почерк.

Золотым портсигаром, полученным по договору, Валентин Петрович Катаев все же остался недоволен. В подарок ему преподнесли портсигар маленький, дамский.

«Мне скучно строить социализм,— говорит Остап Бендер.— Что я, каменщик в фартуке белом?» Последняя фраза отсутствует во всех изданиях «Золотого телёнка», кроме первого. По всей видимости, бдительные редакторы оберегали читателя от ненужных аллюзий из В. Брюсова:

> Каменщик, каменщик в фартуке белом,
> Что ты здесь строишь? Кому?
> —Эй, не мешай нам! Мы заняты делом,
> Строим мы, строим тюрьму...

В отличие от феерически смешных «Двенадцати стульев» и «Золотого телёнка», отобразивших 1920-е годы и надолго ставших культурным кодом советской интеллигенции, книга-путешествие «Одноэтажная Америка» создавалась в иное политическое время. Литература, как и вся советская жизнь, запахнулась серой сталинской шинелью.

До Ильфа и Петрова, в 1930 году, в США побывал автор «Красного дерева» и «Повести непогашенной луны» Б. А. Пильняк. Литературным результатом его поездки стал «О'кэй. Американский роман». В первый день пребывания писателя в Нью-Йорке был арестован в Коломне его отец, земский ветеринарный врач (по делу «контрреволюционного заговора микробиологов и ветеринаров»). Таковым оказался фон для написания американского травелога Пильняка, до краёв наполненного советским пафосом и забористой критикой заокеанского капитализма.

Иногда литературные цитаты могут перекликаться самым мистическим образом. Натужно старавшийся «строить социализм» Борис Пильняк напишет: «Разве не стоит жить только для того, чтобы видеть эту эпоху,—даже только видеть?—

Ильф у плаката со Сталиным. Москва, 1934.
Фото А. Козачинского

и разве не вдвойне чудесно быть — ну, хотя бы каменщиком эпохи?!»

В 1932 году Ильф и Петров начали работать в газете «Правда» в только что созданном отделе литературы и искусства, который возглавил старый «гудковец» А. Эрлих. Приход беспартийных соавторов в ведущую газету страны открывал им возможности большей финансовой и социальной стабильности: безденежье, «литерное» питание и «квартирный вопрос» всегда присутствовали в советской жизни. С другой стороны, жанр фельетона («жанр последней страницы») позволял хотя бы формально быть несколько в стороне от «большой» сталинской политики, если такое вообще было возможно в годы террора. Тем не менее Ильф и Петров не восславляли сталинскую коллективизацию, не требовали расправы с «вредителями» и не составляли политических доносов на коллег.

Дебют соавторов фельетоном «Клооп» в центральном органе печати чуть не обернулся оргвыводами. Речь в нём шла о бессмысленно раздутых и ни на что не годных бюрократических советских учреждениях. Лидия Яновская, автор первой в Советском Союзе книги о творчестве Ильфа и Петрова, вспоминала:

Арон Эрлих, в 30-е годы заведовавший отделом литературы в «Правде», много лет спустя рассказывал мне, как после публикации «Клоопа» его вызвал главный редактор «Правды» Л. З. Мехлис и спросил: «Вы хорошо знаете Ильфа и Петрова?» — «Да», — с готовностью ответил Эрлих. — «И ручаетесь за них?» — «Д-да», — ответил Эрлих, окончательно угасая (и даже в пересказе слышалась эта его обречённая интонация). — «Вчера я был у Иосифа Виссарионовича, — сказал Мехлис. — Эти вопросы были заданы мне. Я ответил на них так же, — продолжил он благосклонно. — Но помните: вы отвечаете за то, чтобы „Клооп" не повторился».

По поводу хождения на работу в «Правду» Илья Ильф оставил лишь несколько строк в записных книжках, которые не подлежали публикации:

Бесконечные коридоры новой редакции. Не слышно шума боевого, нет суеты. Честное слово, самая обыкновенная суета в редакции лучше этого мертвящего спокойствия… В этой редакции очень много ванн и уборных. Но я ведь прихожу туда не купаться и не мочиться, а работать. Между тем, работать там уже нельзя.

Фельетоны Ильфа и Петрова, сегодня напрочь забытые, были для начала 1930-х годов самой острой из возможных сатир. В стране «победившего социализма» дозволялось высмеивать только «отдельные недостатки», в основном в лице мелких бюрократов, нерадивых завхозов и туповатых управдомов. В 1934 году появляется «фельетон с подтекстом» Ильфа и Петрова «Разговоры за чайным столом», в котором старый большевик Ситников, отец двенадцатилетнего сына-пионера, приходит в ужас от тотальной промывки мозгов в школе:

— А задачи решали?

— Решали.

— Вот это молодцы! Какие же вы решали задачи? Небось трудные?

—Да нет, не очень. Задачи материалистической философии в свете задач, поставленных второй сессией Комакадемии совместно с пленумом общества аграрников-марксистов…

—Кушайте, кушайте,—пытается погасить «образовательный» конфликт мама, «старая домашняя хозяйка» с интуитивным житейским пониманием наступивших реалий.

Слишком мало известно об обстоятельствах написания самой известной русской книги о Соединённых Штатах. Как рождался замысел «Одноэтажной»? Советским литераторам за рубежом оставляли мало места для творческих импровизаций. На выезд за границу писателей такого уровня требовалось постановление Политбюро, как это было в случае с самым известным тогда публицистом «Правды» Михаилом Кольцовым, или личное распоряжение Сталина, как это было в случае с командировкой Бориса Пильняка в США. В дальнейшем оба автора, не оправдавшие доверия «великого вождя», были арестованы и отправлены на расстрельный подмосковный полигон «Коммунарка».

Можно предположить, что ходатаем перед «хозяином» за Ильфа и Петрова был бывший секретарь Сталина Лев Мехлис

Валентин Катаев

(тоже одессит) — ортодоксальный куратор советской печати, главный редактор «Правды» и будущий начальник политуправления Красной армии. В таинственных, недоступных пониманию простых смертных «верхах» незримо согласовывались сроки, утверждались расходные денежные суммы и прочие детали загранкомандировки.

«Муза дальних странствий» — строка запрещённого Н. Гумилёва, пущенная в широкий обиход Ильфом и Петровым, — так названа глава из «Двенадцати стульев». Но каковой была первоначальная творческая установка для большого «странствия» за океан? Ни записные книжки писателей, ни их письма, ни мемуары современников достоверной информации не содержат. Ознакомительная журналистская поездка? Эта версия выглядит наименее правдоподобной. Даже из далёкой и неопасной Индии должны были приходить остросоциальные репортажи. Талантливая и злая сатира на бездуховное мироустройство американской «Вороньей слободки»? Налаживание литературных и иных полезных для советского государства контактов? Сами авторы «Одноэтажной» оставили этот вопрос открытым. В накопившейся большой и многослойной экзегезе по-прежнему много загадок.

Словно упреждая будущих хулителей, Ильф и Петров скажут в конце книги:

> Нам непонятна такая постановка вопроса — ругать или хвалить. Америка — не премьера новой пьесы, а мы — не театральные критики. Мы переносили на бумагу свои впечатления об этой стране и наши мысли о ней.

За восемь лет до появления ильфопетровской книги Юрий Тынянов писал:

> Много заказов было сделано русской литературе. Но заказывать ей бесполезно: ей закажут Индию, а она откроет Америку.

МАЛЕНЬКИЙ ГОРОД

Одно из важнейших открытий состоялось уже в начале пути: «Америка — по преимуществу страна одноэтажная и двухэтажная».

Илья Ильф и Евгений Петров поведали не только о великих городах Соединённых Штатов — читатель был давно о них наслышан. Им, первым из русских литераторов, довелось увидеть и описать жизнь американской провинции, что было во все времена нелёгкой задачей для гостей из Старого Света.

Очень многим людям Америка представляется страной небоскрёбов, где день и ночь слышится лязг надземных и подземных поездов, адский рёв автомобилей и сплошной отчаянный крик биржевых маклеров, которые мечутся, среди небоскрёбов, размахивая ежесекундно падающими акциями. Это представление твёрдое, давнее и привычное…

Американский же маленький город явил собой эстетически непривычный феномен. Ещё в 1830 году литератор и посланник в США Пётр Полетика писал в пушкинской «Литературной газете»: «Архитектура, рассматривая как отрасль свободных художеств, не ослепляет взора в Соединённых Областях. Обыкновенно оная является в виде скудости и лишённая вкуса. Иногда видишь деревянный шпиц, возвышающийся над некрасивым кирпичным строением. В другом месте фронтон в греческом вкусе, но деревянный, приделан к зданию, видом очень прочному».

Ильф и Петров развивают мысль, впервые высказанную приятелем Пушкина:

Здесь люди зарабатывают деньги, и никаких отвлечённых украшений не полагается. Эта нижняя часть города называется «бизнес-сентер» — деловой центр. Здесь помещаются торговые заведения, деловые конторы, кино. Тротуары безлюдны. Зато мостовые заставлены автомобилями. Они занимают все свободные места у обочин. Им запрещается останавливаться только против пожарных кранов или подъездов, о чём свидетельствует надпись: «No parking!» — «Не останавливаться!»

По сей день европейцам трудно воспринять строго функциональное разделение американского города на деловую, прагматическую, кирпично-цементную бизнес-часть (даунтаун) и обособленную жилую, спальную: «Между этими двумя частями такая жестокая разница, что вначале не верится — действительно ли они находятся в одном городе».

Начиная с 1920-х годов «одноэтажная» культура Соединённых Штатов обретала собственных Несторов. «Главная улица» — самый известный из романов Синклера Льюиса, принёсший Америке первую Нобелевскую премию по литературе. Безжалостный сатирик, Льюис вывел персонажей Main Street своего родного города в штате Миннесота. «В нашем рассказе городок называется Гофер-Прери, — начинается роман Льюиса. — Но его Главная улица — это продолжение Главной улицы любого другого городка».

В этом маленьком или среднего размера приюте обывателя живут американские соседи флоберовской Эммы Бовари, практикующие чеховские Ионычи и провинциальные набоковские персонажи. Они занимаются бизнесом, встречаются в кружках по интересам (дамы) или гольф-клубе (мужчины), интересуются рынком недвижимости, акциями и другими практическими вещами. Разговаривать с ними на отвлечённые манеры, вроде творчества американских импрессионистов, — занятие бесполезное.

В отличие от автора «Главной улицы», Ильф и Петров предлагают сглаженные социальные оценки, отмеченные мягкой созерцательностью:

Главная улица маленького города

Мужчины работают в своём «бизнес-сентер», домашние хозяйки занимаются уборкой. В одноэтажных или двухэтажных домиках шипят пылесосы, передвигается мебель, вытираются золотые рамы фотографических портретов. Работы много, в домике шесть или семь комнат. Достаточно побывать в одном, чтобы знать, какая мебель стоит в миллионах других домиков, знать даже, как она расставлена. В расположении комнат, в расстановке мебели—во всем этом существует поразительное сходство. Домики с дворами, где обязательно стоит лёгкий дощатый, не запирающийся на ключ гараж, никогда не бывают отделены заборами друг от друга. Цементная полоска ведёт от дверей дома к тротуару. Толстый слой опавших листьев лежит на квадратиках газонов. Опрятные домики сияют под светом осеннего солнца.

Культ мещанства, особенно домашние канарейки, ужасал Маяковского: «Страшнее Врангеля обывательский быт!» Ильф и Петров также не приемлют стандартный идеал американского домашнего уюта: белый дощатый домик с шестью-семью комнатами и прекрасно оборудованной кухней, стриженую зелёную лужайку перед домом и собственный автомобиль. Всё это наводило их на размышления о торжестве мещанской скуки: «Что можно тут делать в обыкновенном американском городишке с несколькими газолиновыми станциями, с двумя или тремя аптеками, с продуктовым магазином, где все продаётся уже готовое—хлеб нарезан, суп сварен, сухарики к супу завёрнуты в прозрачную бумагу?»

В Советском Союзе того времени шли бурные дискуссии о формах нового социалистического быта. Строились фабрики-кухни и гигантские дома-коммуны, победила концепция общественного воспитания детей. В посленэповскую моду входила сталинка (полувоенный френч)—не только как одежда, но как строгий стиль жизни страны. Граждане, между тем, хорошо усвоили разницу между населением и партийной элитой с их дачами, закрытыми распределителями и домработницами, санаториями и частными портнихами, «настоящим» кофе как символом особой жизни. В «Дне втором»

Памятник солдату Гражданской войны

И. Эренбурга один из героев рассказывает: «Я сегодня был в кооперативе—три сорта кофе: из японской сои, из гималайского жита, ещё из какого-то ванильного суррогата—так и напечатано. Спрашиваю: „А нет ли у вас, гражданочка, кофе из кофе?"»

Главная улица маленького американского города законсервировалась во времени и благополучно пережила все бурные эпохи. Некоторые из таких улиц, обычно в несколько кварталов, местные власти объявляют исторической зоной (Historical District). Это означает, что город сохранил постройки, связанные с былыми временами: колониальным периодом, эпохой промышленной революции или началом освоения западных земель. В скверике у местной мэрии («таунхолла») или у здания библиотеки часто встречается напоминание о драматическом прошлом—небольшой бронзовый или гранитный памятник солдату Гражданской войны. «Кроме того, каждый американский городок, жители которого не лишены законного патриотизма, располагает ещё пушкой времён той же войны Севера с Югом и небольшой кучкой ядер. Пушка и ядра располагаются обычно неподалёку от солдатика и вкупе образуют военно-исторический раздел городка».

Передаваемые Ильфом и Петровым образы Мейн-стрит— «аптеки, квадратики масла за обедом и завтраком, механические бильярды, жевательные резинки, газолиновые станции, „ти-боун-стейки", девушки с причёсками кинозвёзд и рекламные плакаты»—впечатаны в сознание американцев, как вековые традиции подарков к Рождеству и индейки на праздничном столе, как народная любовь к бейсболу и вера в собственные демократические институты.

Свои первые впечатления от приезда в США Иосиф Бродский передал в «Колыбельной Трескового мыса» (1972):

> Уставшее от собственных причуд,
> Пространство как бы скидывает бремя
> величья, ограничиваясь тут
> чертами Главной улицы; а Время
> взирает с неким холодом в кости
> на циферблат колониальной лавки,

в чьих недрах все, что мог произвести
наш мир: от телескопа до булавки.

Здесь есть кино, салуны, за углом
одно кафе с опущенною шторой,
кирпичный банк с распластанным орлом
и церковь, о наличии которой
и ею расставляемых сетей,
когда б не рядом с почтой, позабыли.
И если б здесь не делали детей,
то пастор бы крестил автомобили.

В духе «Золотого телёнка», где Остап Бендер составил пособие «для сочинения юбилейных статей, табельных фельетонов, а также парадных стихотворений, од и тропарей», Синклер Льюис в конце жизни предложил свой «Лексикон прописных истин». Сей язвительный словарь словосочетаний ничуть не устарел на современных берегах Потомака или же Москвы-реки: «неотложные задачи», «демократические принципы», «язвы нашей цивилизации», «показатель умонастроений», «опора на принципы», «противостояние нажиму»... Автор двадцати романов Синклер Льюис писал: «Чтобы понять Америку, нужно всего-навсего понять Миннесоту. Но чтобы понять Миннесоту, нужно быть одновременно историком, этнологом, поэтом, циником и дипломированным пророком».

В декабре 1930 года в зале Стокгольмской ратуши Синклер Льюис произнёс речь, в которой перечислил имена американских писателей, не менее его достойных Нобелевской премии: Теодор Драйзер, Юджин О'Нил, Шервуд Андерсон, Карл Сэндберг, Эрнест Хемингуэй, Роберт Фрост, Томас Вулф, Уильям Фолкнер. По сути, Синклер Льюис представил «групповой портрет» входящей в расцвет американской литературы XX столетия, предугадав в не самых тогда известных авторах будущих классиков и лауреатов. Почти все из названных вели свои творческие истоки из «одноэтажных» городков Соединённых Штатов.

Самым же известным сценографом американской провинции, кумиром читателей журналов для семейного чте-

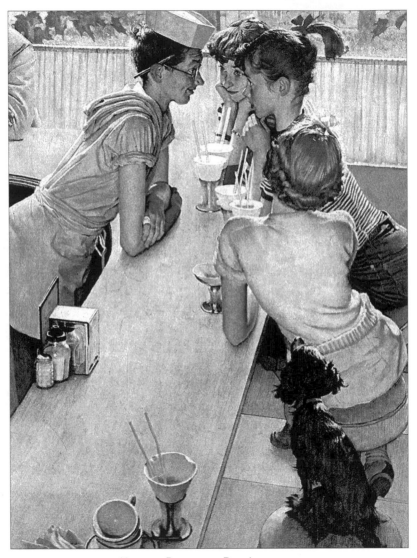

Норман Рокуэлл. «В кафетерии»

ния, оказался иллюстратор Норман Рокуэлл. Если романиста Льюиса называли живописателем Главной улицы, то художника Рокуэлла — летописцем. Его дом-музей находится в городке Стокбридж, штат Массачусетс, где Норман Рокуэлл провёл последние двадцать пять лет своей жизни. Сюда, в холмисто-лесистую глушь на западе Новой Англии, не зарастает народная тропа. Эстеты по-прежнему морщатся: это не искусство, а явный китч для массовых изданий, услада невзыскательной публики. Владимир Набоков говорил, что блестящий талант художника был растрачен на банальные цели.

Секретов у Нормана Рокуэлла немного, но его картины на аукционах уходят за миллионы долларов. Он узнаваем. Его работы не нужно комментировать — редкий случай для изучающих изобразительное искусство США. Четыре десятилетия он был понятным повествователем для современников, запечатлевшим «домашнюю» историю янки.

Ироничные и добрые зарисовки Рокуэлла из повседневной жизни Мейн-стрит 1930–50-х годов рождают чувства, схожие с теми, какие сегодня вызывают в нас музейные коллекции бытовых раритетов: печатные машинки и радиоприёмники, фасоны платьев и шляпок, афиши и обложки старых журналов. Они могут рассказать о многом: об обывателях и бунтарях, о наивных грёзах провинции и дерзких свершениях больших городов, о том самом великом и смешном, что есть в каждом из нас.

ДЕВА ТУМАНОВ

«Мы скользили по стране, как по главам толстого увлекательного романа, подавляя в себе законное желание нетерпеливого читателя — заглянуть в последнюю страницу».

Ильфопетровский троп насыщен отсылками к романтическим дорогам Фенимора Купера, Марка Твена, О. Генри, Джека Лондона. Книга разделена на пять географических частей: путевые очерки по форме и «путешествие мечты» по содержанию, ибо мало кто может (даже из живущих в самих Штатах) позволить себе длительную автомобильную прогулку от восточного берега континента до западного и обратно. «Одноэтажная Америка» литературоцентрична: путешествие сравнивается с чтением, а создание текста уподоблено перемещению в пространстве. Встреча с невиданной страной описана как свидание со знакомыми образами из книг: «...ни капитан Майн Рид, ни Гюстав Эмар нас не обманывали...»

— Может быть, это слишком тривиально — смотреть Ниагарский водопад, но, сэры, это надо видеть, — уговорил своих попутчиков энергичный организатор путешествия мистер Адамс.

«Едем на Ниагару» — фраза, встречающаяся в письмах И. К. Айвазовского, Д. И. Менделеева, П. И. Чайковского и других русских гостей Америки. Водопад описан многожды и не уступает в мировой известности самой Статуе Свободы. В каком-то смысле дикая, первозданная мощь Ниагары — мир детства внутри каждого из нас, где нашлось место для книг и фильмов о Кожаном Чулке, зверобоях и следопытах, вольной жизни и необыкновенных приключениях на берегах Онтарио.

И. Айвазовский. «Ниагарский водопад» (фрагмент), 1892

«Вообще запахло сдиранием скальпов и тому подобными детскими радостями. Не хватало только индейской стрелы, впившейся в частокол и ещё дрожащей от полёта»,—из «Одноэтажной Америки».

Водопад лежит на середине короткой (менее 60 км) реки Ниагары, соединяющей два из ожерелья Великих озёр—Эри и Онтарио. Последнее является самым малым из пяти американо-канадских грандов. Малым по местным меркам: Онтарио превышает по площади крупнейшее в Европе Ладожское озеро.

Как любой знаменитый водопад, Ниагара полна легенд. В европейской традиции часто встречается русалка, жертва несчастной любви, в американском же эпосе главенствует жертвоприношение. Каждую осень в благодарность за хороший урожай аборигены бросали в пучину свою самую красивую девушку. Поэтому и является нам прекрасный девичий облик в облаке водяных брызг, висящих гигантской вуалью над грохочущим водопадом...

Приятель Пушкина романтический поэт Николай Языков в 1830 году обращался к образу «многоводной Ниагары», отбирающей человеческую жизнь:

Море блеска, гул, удары,
И земля потрясена;
То стеклянная стена
О скалы раздроблена...

Грозная, как русский бунт, Ниагара—в прошлом река сурового пограничья, видевшая кровавые схватки гуронов с ирокезами, ирокезов с французами, французов с англичанами и англичан с гуронами.

Сегодняшняя Ниагара-Фоллс—освоенная как с американской, так и с канадской стороны зона гламурного туризма, ухоженная, как парк аттракционов, с хорошо поставленной вечерней подсветкой водного зрелища. Иллюминация лишила паломников возможности лицезреть лунную радугу—одно из уникальных явлений, присущих этому месту.

Ильф и Петров язвительно отметили:

Форт Ниагара

Обдаваемые водяной пылью, мы долго смотрели на водопад, обрушивающий с высоты небоскрёба тысячи тонн воды, которую ещё не успели разлить по бутылочкам и продать под видом самого освежающего, самого целебного напитка, благотворно действующего на щитовидную железу, помогающего изучению математики и способствующего совершению удачных биржевых сделок.

Ниагара — ансамбль из трёх водопадов шириной больше километра. Самый большой из них носит название «Подкова». Сведения, которые сообщают на фоне рокочущего каскада экскурсоводы из страны янки или гиды страны Кленового листа, также сродни бурному потоку. Например, высчитано, что среднестатистической семье понадобилось бы около семи с половиной лет, чтобы израсходовать объём воды, протекающий по Ниагарскому водопаду всего за одну секунду. Ограничимся этой полезной информацией.

В 1804 году Жером Бонапарт (младший брат Наполеона) со своей американской невестой Бетси посетил Ниагару. С тех пор водопад стал популярным местом отдыха новобрачных, позднее присвоив себе хвастливый титул «Мировая столица молодожёнов». К слову, брак Жерома, короля Вестфалии, и дочери балтиморского купца менее чем через год был аннулирован в Париже по требованию деспотичного Наполеона. «Мадам Бонапарт на час» с новорождённым племянником императора вернулась на родину и, несмотря на привлекательную внешность, больше не вышла замуж. Через сто лет после «ниагарского приключения» внук Бетси, Чарльз Бонапарт, станет генеральным прокурором США и учредит Федеральное бюро расследований.

На туманных берегах Ниагары многие признавались в том, что водяная стихия действует на них гипнотически. Стремнина переплела красоту и любовь, амбиции и смерть. Всяческие истории о сумасбродных эксцентриках и убийственных трюках навевают мысли о прихотях фортуны, где риск русской рулетки соединился с золотым блеском паблисити.

В 1859 году французский циркач Жан Франсуа Гравле по прозвищу «Блондин» несколько раз прошёл над водопадом по высоко натянутому канату, причём один раз шёл с завязанными глазами и нёс плиту, на которой одновременно готовил омлет. Александр Куприн посвятил французу рассказ «Блондель»:

> Это он впервые дерзнул перейти через водопад Ниагару по туго натянутому канату, без балансира. Впоследствии он делал этот переход с балансиром, но неся на плечах, в виде груза, любого из зрителей, на хладнокровие которого можно было полагаться. После Блонделя осталась книга его мемуаров, написанная превосходным языком и ставшая теперь большою редкостью. Так, в этой книге Блондель с необыкновенной силой рассказывает о том, как на его вызов вышел из толпы большой, толстый немец, куривший огромную вонючую сигару, как сигару эту Блондель приказал ему немедленно выбросить изо рта и как трудно было Блонделю найти равновесие, держа на спине непривычную тяжесть, и как он с этим справился. Но на самой половине воздушного пути стало ещё труднее. Немец «потерял сердце», подвергся ужасу пространства, лежащего внизу, и ревущей воды. Он смертельно испугался и начал ёрзать на Блонделе, лишая его эквилибра.
>
> — Держитесь неподвижно, — крикнул ему артист, — или я мгновенно брошу вас к чёртовой матери!

Английский моряк Мэтью Вебб, феноменальный пловец и ныряльщик, первый человек, сумевший преодолеть вплавь Ла-Манш, утонул в 1883 году во время неудавшейся попытки покорить Большой водоворот — «глотку бездонного желудка Ниагары». Летом 1911 года акробат Бобби Лич бросился в клокочущую пучину «Подковы» в специально изготовленной стальной бочке. Остался жив, хотя провёл шесть месяцев в больнице, прежде чем оправился от переломов, которые получил во время падения. По капризу судьбы, умер он далеко от места своей славы, в Новой Зеландии, от осложнений после операции по ампутации ноги, которую сломал, поскользнувшись на апельсиновой кожуре.

Зимняя Ниагара

Мистер Адамс что-то кричал, но шум водопада заглушал его голос...

Необходимо отдать должное другому русскому путешественнику, подробно и с удовольствием писавшему о великом американском чуде. Публицист и историк (основатель русской геральдики) Александр Лакиер в 1858 году опубликовал своё «Путешествие по Северо-Американским Штатам» с обширной главой о Ниагаре:

Недели, проведённой мною здесь, было едва достаточно, чтобы хорошенько ознакомиться с обеими сторонами водопада, с канадскою и американскою, пройти по всем обрывистым тропинкам у стремнин, подъехать почти к самому гиганту на пароходике «Дева Туманов» (*The Maid of the Mist*), досыта накачаться на скачущих волнах стремнин, быть облитым брызгами, и всё-таки ничего положительного не узнать об этом великане: он подпускает к себе именно настолько, чтобы заманить, не более.

Непокорная Ниагара для русского человека пребывает в пространстве мифа, одновременно притягательного и пугающего. И обязательно с некоторой незавершённостью сюжета, сродни чеховской концовке рассказа, когда гимназист после неудачного побега в Америку упрямо выводит в девичьем альбоме: «Монтигомо Ястребиный Коготь».

В МИЧИГАНЕ

Во времена Ильфа и Петрова самым известным янки в Советском Союзе был Генри Форд. Его книги переводились и переиздавались. Систему высокой организации и производительности труда официально именовали «фордизмом». История «короля автомобилей и тракторов» даже вышла в 1935 году в биографической серии «ЖЗЛ» («Жизнь замечательных людей»). Первый из американцев, появившийся в самой популярной в стране книжной серии.

Московские путешественники совершили двухдневную поездку в Дирборн (Dearborn), штат Мичиган, место рождения самого автопромышленника и место рождения современных Соединённых Штатов. Об этом написаны две главы книги. Как иронически выразились сами авторы в конце второй из этих глав, они совершили «осмотр одной из интереснейших достопримечательностей Америки — Генри Форда».

Гений серийного производства родился в июле 1863 года на ферме близ крошечного посёлка Дирборн (теперь — пригород Детройта). Веривший в переселение душ, Форд считал себя реинкарнацией солдата-северянина, погибшего в битве под Геттисбергом в год и месяц его рождения. Сын ирландских иммигрантов-фермеров, Генри в молодые годы был чудаковатым слесарем-энтузиастом, над которым часто подтрунивали соседи, кем-то вроде деятельного «кустаря-самоучки с мотором» из «Двенадцати стульев».

Чисто американская метаморфоза случилась, когда Форду было уже под пятьдесят: из полуграмотного механика в миллионера, отца автомобильного конвейера, создателя «народного автомобиля». Мичиганцу принадлежит больше ста патентов, включая изготовление угольных брикетов (отдельная благодарность от любителей барбекю). Ему удалось совершить революцию не только в серийном производстве, но и в психологии миллионов. Этот писавший с ошибками фермерский сын навсегда изменил представление об автомобиле как об увеселительном дорогом экипаже, игрушке для богачей. «Автомобиль — не роскошь, а средство передвижения», — Остап Бендер всего лишь перефразировал основной принцип короля из Дирборна.

Завод Генри Форда. *Почтовая открытка 1935 года*

За год с небольшим до поездки в США в фельетоне «Директивный бантик» Ильф и Петров затронули извечную российскую дорожную тему:

> Несколько лет назад, когда у нас ещё не строили автомобилей, когда ещё только выбирали, какие машины строить, нашлись запоздалые ревнители славянства, которые заявили, что стране нашей с её живописными просёлками, диво-дивными бескрайними просторами, поэтическими лучинками и душистыми портянками не нужен автомобиль. Ей нужно нечто более родимое, нужна автотелега. Крестьянину в такой штуке будет вольготнее. Скукожится он в ней, хряснет по мотору и захардыбачит себе по буеракам… Один экземпляр телеги внутреннего сгорания даже построили… Скорость была диво-дивная, семь километров в час. Стоит ли напоминать, что этот удивительный предмет был изобретён и построен в то самое время, когда мир уже располагал роллс-ройсами, паккардами и фордами?

Компания Ford Motor открыла своё представительство и начала реализацию автомобилей в Российской империи ещё в 1907 году. В годы гражданской войны на конфискованных детройтских моделях ездили как белые генералы, так и красные командиры, в частности, колесил комдив Чапаев, установив сзади своей машины, на манер тачанки, пулемёт. В относительно мирные 1920-е годы американскую «мечту на колёсах» могли позволить себе только избранные представители московской элиты. Лиля Брик писала отправлявшемуся в загранпоездку Маяковскому: «Очень хочется автомобильчик. Привези, пожалуйста. Мы много думали о том—какой. И решили—лучше всех Фордик». Муза Маяковского также неплохо разбиралась, какие нужно привезти запчасти к заграничному четырехколесному чуду.

В 1929 году СССР подписал контракт с концерном Форда на строительство автозавода в Нижнем Новгороде, который вскоре переименовали в Горький, а во всём мире до конца 1940-х называли «русским Детройтом». Теперь каждый городской житель «знал в лицо» фордовскую чёрную «эмку» для начальства и трудягу грузовик-«полуторку».

Хотя был конец тридцать пятого года, Дирборн и Детройт были переполнены рекламными экземплярами модели тридцать шестого. Образцы автомобилей стояли в отельных вестибюлях, в магазинах дилеров. Даже в витринах аптек и кондитерских, среди пирожных, клистиров и сигарных коробок, вращались автомобильные колеса на толстых файрстоновских шинах. Мистер Генри Форд не делал тайны из своей продукции. Он выставлял её где только можно.

Недорогой и надёжный фордовский седан 1935 года выпуска стал полноправным персонажем ильфопетровского травелога. С четырьмя пассажирами он тяжело взбирался на обледенелые перевалы Скалистых гор, застревал на вязкой обочине в провинции, даже попал в аварию, но всегда с честью выходил из всех испытаний. На этом «благородного мы-

Знаменитая фордовская «полуторка»

63

шиного цвета» автомобиле к советским читателям въезжала неоткрытая Америка из городков в одну улицу с повседневной жизнью простых обитателей, страна гладких хайвеев и уникальных природных ландшафтов, высокоразвитой техники и завидной культуры труда.

В 1960-х годах замминистра внешней торговли СССР Николай Смеляков написал книгу «Деловая Америка», весьма обстоятельную и объективную с точки зрения технического специалиста (редкий случай, когда советская техническая литература стала бестселлером). Автор приводил одну из историй, связанных с Генри Фордом:

> Пришла наша группа русских инженеров на завод, принаряженная в белые сорочки с галстуками, начищенные ботинки и хорошие костюмы. Словом, как подобает инженерам, да ещё появившимся на чужом заводе и в чужом доме. Вся группа вольготным шагом, озираясь по сторонам, направилась к цехам, чтобы увидеть, как американцы делают автомобили. По заведённому порядку на заводе никто без дела не ходил и не отлучался от своего рабочего места. Да и вообще трудно увидеть на заводской территории хотя бы одного пешехода, не говоря уже о группе людей. Старик Генри Форд (это было в годы первой пятилетки), сидя за рулём автомобиля и направляясь по обычному своему маршруту для посещения цехов завода, немедленно обнаружил шагающих по дороге людей без определённых занятий. Форд остановил машину, спросил: «Кто? Почему ходите без дела?» Выслушав невнятные ответы, он приказал завтра же утром явиться к нему. На другой день каждый получил спецодежду и был поставлен для исполнения строго определённой операции в качестве рабочего.

«Форд выглядел моложе своих семидесяти трёх лет, и только его древние коричневые руки с увеличенными суставами показывали, как он стар. Нам говорили, что по вечерам он иногда танцует,—поведали авторы „Одноэтажной Америки“ (Форд не любил новомодные фокстрот и чарльстон, отдавая предпочтение деревенской кадрили, а рабочим в Дирборн выписали несколько десятков учителей народных танцев) ...—У него близко поставленные колючие мужицкие глаза. И вообще он похож на востроносого русского крестьянина, самородка-изобретателя, который внезапно сбрил наголо бороду и оделся в английский костюм».

Свой «демократический» имидж Генри Форд порядком подрастерял, когда в собственной газете «Дирборн Индепендент» начал публиковать «Протоколы сионских мудрецов» и серию статей, винивших евреев во всех бедах, от захвата власти большевиками в России до снижения уровня чемпионата по бейсболу. Американские евреи ответили бойкотом фордовских автомобилей, а в Голливуде заявили, что отныне на экранах в аварии будут попадать только машины «старого Генри». Олигарху пришлось принести публичные извинения, свалив вину на редакторов, закрыть газету и распорядиться уничтожить тиражи своих антисемитских изданий.

Обо всём этом нет упоминаний в «Одноэтажной Америке»—у авторов были иные литературные задачи. Фордовский конвейер как бы вне политики, хотя московские гости высказывают озабоченность обезличивающим монотонным трудом на сборке машин (вспомним сталинское упоминание простого человека как «винтика» большого производства). Один из пассажей книги завуалированно пародирует стиль, который насаждался в стране после Первого съезда писателей: «Товарищ Грозный (представитель советского автопрома—*Л. С.*) стоял посреди цеха, и на его лице, озаряемом вспышками огня, отражался такой восторг, что полностью оценить и понять его мог, конечно, только инженер, просто инженер, а не инженер человеческих душ».

Архитектором, который сформировал индустриальный облик Детройта и Дирборна, был Альберт Кан, имя которого Ильф и Петров произнести не могли. Сын немецкого раввина-иммигранта прекрасно поладил с Фордом и проектировал большинство промышленных сооружений не только для него, но и для двух других голиафов автоиндустрии—«Дженерал Моторс» и «Крайслер». С 1929 по 1932 годы детройтское бюро Кана создало для Советского Союза более пятисот индустриальных объектов-гигантов, в числе которых тракторные (то есть танковые) заводы в Сталинграде, Челябинске, Харькове, автомобильные заводы в Москве и Нижнем Новгороде, литейные и машиностроительные цеха в Свердловске, Нижнем Тагиле, Кузнецке, Магнитогорске. О великом вкладе строительной фирмы Albert Kahn и её специалистов в советскую индустриализацию говорить категорически запрещалось, а все достижения приписывались безликому и секретному «Госпроектстрою».

«Фордовский метод работы давно вышел за пределы простого изготовления автомобилей и других предметов. Эта система в величайшей степени повлияла на жизнь мира»,—за двумя ильфопетровскими главами, посвящёнными Дирборну, раскрывалась иная, манящая и отталкивающая цивилизация. С массовым автомобилем началась эпоха консюмеризма. Сама машина меняла лицо США: нужны были новые широкие автострады, бензоколонки, станции техобслуживания, новые инфраструктуры и технологии. Делались даже прогнозы, что весь мир скоро превратится в фабрику, построенную на принципах Форда, с жёстким разделением на управляющих и пешек, от которых инициативы и индивидуальности не требуется. В сатире-антиутопии Олдоса Хаксли «О дивный новый мир» (1932) Генри Форда почитали как пророка, а летосчисление вели со дня выпуска его первого массового автомобиля модели «Т». Вместо «ей-богу» в новом обществе Хаксли принято выражение «ей-Форду», а вместо крёстного знамения люди «осеняют себя знаком Т».

После себя «великий Генри» оставил музей своего имени в Дирборне—один из крупнейших выставочно-просветительских комплексов на территории Соединённых Штатов. Ильф и Петров смогли увидеть начало грандиозного замысла Форда—воссоздание облика исторической Америки:

> Деревня занимала большую территорию, и для осмотра её посетителям подавались старинные кареты, дормезы и линейки. На козлах сидели кучера в шубах мехом

наружу и цилиндрах. Они щёлкали бичами. На кучеров было так же странно смотреть, как и на их лошадей. Въезд на автомобилях в Гринфилд-виллидж запрещён. Мы забрались в карету и покатили по дороге, давно нами не виданной. Это была тоже старомодная дорога, чудо пятидесятых годов девятнадцатого века,— грязь, слегка присыпанная гравием. Мы катили по ней неторопливой помещичьей рысцой.

Деревня Гринфилд-виллидж предлагает посетить патриархальный мир с помощью гидов-актёров, одетых в костюмы ушедшей эпохи. Сейчас таким не удивишь даже любознательного ребёнка, но и в этом начинании Генри Форд был первопроходцем. Работающая деревянная мельница (старейшая в США), амбары, гончарная мастерская, плотницкая и кузница, где кипит работа, сельский магазин, в котором угостят свежим хлебом и сидром по старинным рецептам—эффект глубокого погружения в доиндустриальную эпоху.

Амбиции Форда не позволили ему остановиться только на ностальгически-этнографических декорациях. В его родной Дирборн привезены или бережно на месте восстановлены памятники научного и технического взлёта США. «В музейную деревню целиком перенесена из Менло-парка старая лаборатория Эдисона, та самая лаборатория, где производились бесчисленные опыты для нахождения волоска первой электрической лампы, где эта лампа впервые зажглась, где впервые заговорил фонограф, где многое произошло впервые».

Интересно, что Ильфу и Петрову посчастливилось встретиться с уникальным экскурсоводом—последним из тогда живущих сотрудников лаборатории Эдисона, и получить от него в качестве сувенира оловянную ленту фонографа, копию первой в мире звукозаписи.

Посетители Гринфилд-виллидж могут войти в здание велосипедной мастерской из Огайо, где братья Райт в 1903 году собирали первый в мире самолёт, и увидеть обстановку в доме лексикографа Ноя Уэбстера, автора самых популярных словарей (в Штатах он известнее, чем В. Даль в России). Здесь же офис великого биолога-селекционера Лютера Бербанка («аме-

Лаборатория Томаса Эдисона в Музее Форда

риканского Мичурина») и старый гараж, в котором механик Генри Форд колдовал над своим первым четырехтактным двигателем.

На страницах «Одноэтажной Америки» совсем нет описания большого Детройта, города контрастов во все времена, или даже мимолётных видов штата Мичиган из окна машины. Ильф и Петров совершают паломничество. Такого рода путешествие не предполагает поверхностных туристических впечатлений. Взоры обращены к чуду, и озарение не заставляет себя ждать:

> По застеклённой галерее, соединяющей два корпуса, в желтоватом свете дня медленно плыли подвешенные к конвейерным цепям автомобильные детали. Это медленное, упорное, неотвратимое движение можно было увидеть всюду... Это был не завод. Это была река, уверенная, чуточку медлительная, которая убыстряет своё течение, приближаясь к устью. Она текла и днём, и ночью, и в непогоду, и в солнечный день. Миллионы частиц бережно несла она в одну точку, и здесь происходило чудо — вылуплялся автомобиль.

О ПРОВИНЦИАЛЬНОЙ ГОРДОСТИ

«**М**ашина несётся по дороге, мелькают городки. Какие пышные названия! Сиракузы, Помпеи, Батавия, Варшава, Каледония, Ватерлоо, Женева, Москва, чудная маленькая Москва, где в аптеке подают завтрак номер два: горячие блины, облитые кленовым соком; где к обеду полагаются сладкие солёные огурцы; где в кино показывают картину из жизни бандитов,— чисто американская Москва».

В одном пассаже «Одноэтажной Америки» объединены два серьёзных упрёка — вульгарные топонимические заимствования и невкусная еда. Вторая из проблем заключалась в следующем: путешественники для экономии времени перекусывали в придорожных аптеках (drugstores).

Ильф и Петров раскрыли секрет странного симбиоза фармакологии с кулинарией: «Оттого что лекарства стали изготовляться на фабриках, больному легче не стало,— лекарства не подешевели. Но провизоры потеряли свой заработок. Его перехватили аптечные фабриканты. Для увеличения своих доходов околпаченные провизоры стали продавать мороженое, прохладительные воды, мелкую галантерею, игрушки, папиросы, кухонную посуду,— словом, пустились во все тяжкие. И теперешняя американская аптека представляет собой большой бар с высокой стойкой и вертящимися рояльными табуретками перед ней. За стойкой суетятся рыжие парни в сдвинутых набок белых пилотках или кокетливые, завитые на несколько лет вперёд девицы, похожие на очередную, только что вошедшую в моду кинозвезду… Девушки сбивают сливки, пускают из никелированных кранов шумные струи сельтерской воды, жарят кур и со звоном кидают в стаканы кусочки льда».

В аптеке всё-таки есть рецептурный отдел с дипломированным фармацевтом, хотя люди чаще заходят сюда, чтобы запастись кока-колой, кошачьим кормом, дровами для камина и даже книжной или журнальной продукцией…

> Мы рассмотрели полку с книгами. Всё это были романы: «Быть грешником — дело мужчины», «Пламя догоревшей любви», «Первая ночь», «Флирт женатых». — Нет, нет, сэры, — сказал мистер Адамс, — вы не должны сердиться. Вы находитесь в маленьком американском городке.

Когда-то юная Анна Ахматова завезла из Парижа в петербургскую богемную среду насмешливое прозвище «фармацевты», которым поэты и художники обозначали добропорядочных филистеров-буржуа, желавших приобщиться к таинствам нового искусства. Дочь петербургского провизора Алиса Розенбаум в те годы училась в одной гимназии с сестрой В. Набокова, а после эмиграции, сменив имя и литературный язык, стала одним из гуру интеллектуальной Америки.

Популярные сети аптеко-магазинов CVS или Walgreens продолжают удивлять широким выбором. Борис Пильняк писал: «В аптеках в Америке, как известно… можно лечиться, закусывая, и питаться, излечиваясь». Недорогие бумажные издания в мягких обложках («pulp fiction») в них также имеются. Более того, именно такая книга стала общедоступной в провинциальной Америке, где не было модных читательских клубов и сетевых книжных магазинов. В 1935 году общий тираж печатных произведений в Штатах достиг 150

Провинциальная аптека

миллионов, на которые приходилось менее трёх тысяч книжных магазинов (сигарных лавок было более 18 тысяч). Ассортимент провинциального аптечного заведения с книгами зачастую вызывал улыбку, но на этих же полках в самой американской глубинке стояли нашедшие российского читателя Рэй Брэдбери, Флэннери О'Коннор, Стивен Кинг…

В Соединённых Штатах насчитывается две дюжины городов по имени Москва и почти столько же Петербургов — в штатах Мичиган и Огайо, Вирджиния и Небраска, Индиана и Пенсильвания. Многие из них заслуживают упоминания лишь в качестве курьёзов американской топонимики. Есть даже крошечный рыбацкий Петербург на далёкой, но не чуждой русскому сердцу Аляске.

В американской географии наблюдается инверсия: Москвой названы совсем небольшие населённые пункты, тогда как Петербурги занимают далеко не последнее место в анналах республики. Самая большая в Соединённых Штатах Москва (Moscow) — окружной центр с тридцатью тысячами жителей и место расположения университета штата Айдахо. Претензии на столичность отсутствуют в других «городах-тёзках»: москвичи из Канзаса и Мэйна ведут неторопливый, полусельский образ жизни и очень ценят тихие подмосковные вечера.

Старейший из американских Петербургов находится в штате Вирджиния и возник он за тридцать лет до рождения царя Петра Первого. Petersburg был заложен как крепость на болотистых берегах реки Аппоматокс. Отсель поселенцы грозили индейцам и, впоследствии, сынам Альбиона. При строительстве Петербурга, как известно, широко использовался подневольный труд, и многие из его первых строителей не вынесли тяжёлого, то есть жаркого местного климата. Мы не случайно упомянули императора Петра I: истово насаждаемый им в России табак — «трава никоциана» — был представлен лучшими сортами с плантаций Вирджинии.

Одна из американских энциклопедий утверждает: «Исключительную историческую роль Петербург сыграл в годы Революции и, затем, Гражданской войны». Истинный петер-

Эдвард Хоппер «Полуночники» (фрагмент). 1942

буржец — по обе стороны океана — не сможет не согласиться с таким заявлением. Только в истории США эти два важнейших события разделяют восемьдесят лет. А во время войны 1812 года американский Петербург получил прозвище «Кокардовый город» из-за залихватских, украшенных перьями шляп, которые носили его защитники. Несмотря на всю лихость и гусарство, «гроза двенадцатого года» не обошла обе страны: Наполеон спалил Москву и Кремль, британцы же захватили и сожгли американскую столицу с Белым домом и Капитолием.

В 1833 году в Петербурге была открыта первая железная дорога, связавшая между собой два американских штата. Покорение времени и пространства поражало воображение: путешествие из Петербурга в Северную Каролину длилось всего двенадцать часов. Наблюдательный путешественник Платон Чихачев, один из учредителей Русского географического общества, писал в 1839 году в журнале «Отечественные записки», что американские железные дороги, «рассматриваемые как орудие просвещения, имеют также свою поэтическую сторону», в них есть своя романтика: «…они могут так же сильно возбуждать страсти и какую-то всеобщую восторженность, как и какой-нибудь ритурнель из любимой оперы Беллини или грациозный пируэт Тальони».

Другой американский Петербург расположен на севере страны, в центральной части штата Иллинойс. Так и хочется написать: «Среди бескрайних, необжитых земель, под северным небом, в первой трети XIX века был основан город». Этот Петербург находится в центре огромного сельскохозяйственного региона в окружении необъятных кукурузных полей. Ближайший к нему городок носит название Афины. От Петербурга до Афин просто рукой подать: меньше часа езды.

Впрочем, и в такой глухой провинции кипели свои нешуточные страсти. Среди первых петербуржцев был молодой Авраам Линкольн, работавший в 1830-х годах землемером и почтмейстером. Историки утверждают, что здесь будущий президент США повстречал свою первую любовь Анну Ратледж. Та повесть была печальной: юная Анна была обручена с другим, а когда неудачная помолвка распалась, Анна, к великому горю Линкольна, скончалась от чахотки в возрасте 23 лет. История, достойная пера лучших представителей петербургской романтической прозы.

Американская литература подарила миру вымышленный город Санкт-Петербург, который, тем не менее, известен каждому. В этом городе жили любимые литературные герои Марка Твена — сорванцы Том Сойер и Гекльберри Финн. Под именем Санкт-Петербурга писатель вывел Ганнибал (Hannibal), штат Миссури, город своего детства.

«Одноэтажный» травелог Ильфа и Петрова полон иронии: «Есть несколько Парижей, Лондонов. Есть Шанхай, Харбин и целый десяток Петербургов… Есть Одессы. Не беда, если возле Одессы нет не только Чёрного моря, но и вообще никакого моря. Помещается она в штате Техас. Какого это одессита забросило так далеко? Нашёл ли он там своё счастье, — этого, конечно, уж никто не знает».

Название южному городу дали немцы-колонисты из Украины, железнодорожные рабочие, которые помогали осваивать Техас — отсюда ностальгическое сравнение широчайших равнин-прерий с причерноморскими степями.

Обнаруженная здесь нефть вдохнула жизнь в маленькую Одессу, население которой быстро перевалило за сто тысяч жителей. Символ американской Одессы — кролик. С 1932 года здесь проходило родео, на котором бравые ковбои заарканивали… местных диких кроликов. Никто не спорит, что одесситам всегда было присуще особое чувство юмора. Необычное родео перестали проводить в 1977 году, когда возмутились защитники

Писательский «форд» на заправке
Фото И. Ильфа

75

животных. Памятник, установленный здесь,— не просто длинноухий образ-китч, но самая большая статуя кролика в мире.

У Владимира Набокова в «Лолите» есть множество аллюзий с произведениями Ильфа и Петрова, что заслуживает отдельного исследования. Есть и «черноморская» каламбурная запись, оставленная для Гумберта беглецом Куильти в мотельной гостевой книге: «П. О. Темкин, Одесса, Техас».

О небольших населённых пунктах американцы говорят: «one stoplight town» («городок с одним светофором»). В русской прозе встречалось похожее: «селение с полустанком». Ильф и Петров продолжают тему: «Через город проходит главная улица.— Называется она обязательно либо Мейн-стрит (что так и означает Главная улица), либо Стейт-стрит (улица штата), либо Бродвей. Каждый маленький город хочет быть похожим на Нью-Йорк. Есть Нью-Йорки на две тысячи человек, есть на тысячу восемьсот. Один Нью-Йоркчик нам попался даже на девятьсот жителей. И это был настоящий город. Жители его ходили по своему Бродвею, задрав носы к небу. Ещё неизвестно, чей Бродвей они считали главным, свой или нью-йоркский».

Местный, почвеннический патриотизм янки во все времена вызывал некоторую насмешливую оторопь у русских литераторов. Ф. М. Достоевский в «Бесах» упоминал об одном американце, завещавшем свою кожу на барабан, «с тем чтобы денно и нощно выбивать на нём американский национальный гимн». У Бориса Пильняка есть хлёсткий пассаж:

И — патриоты! — в восторге от самих себя, в восторге от своей страны (пусть у половины американцев даже отцы не родились в Америке)! — Америка — вершина человечества и цивилизации, венец творения! — и американцы — никак не космополиты: — что такое Европа или Азия?! — Афины, это где — в Мексике? — Москва,— ах, да, это, кажется, в штате Кентукки! — Одиссей, Вольтер,— это бондарь со Второй улицы? — но вообще это не важно, Америка никем, ничем и нигде не превзойдена и не может быть превзойдена! — впрочем, если европейцы там что-то придумывают, так это только для Америки!—всё остальное—пустяки!—наш национальный флаг—даже на кладбищах!

Самый крупный из «городов-побратимов» находится на западном побережье штата Флорида—вот здесь душа выходца с берегов Невы может возрадоваться. Южный Санкт-Петербург был назван не в память каких-то малоизвестных англосаксов, а в честь столицы Российской империи. Основателем города считается русский предприниматель Пётр Дементьев, проложивший сюда в 1888 году железную дорогу и построивший среди флоридских болот деревянное здание вокзала в русском стиле.

Пётр Алексеевич Дементьев, из дворян Тверской губернии, дослужился в императорской гвардии до чина капитана. Эмигрировав в США, он сменил имя на более произносимое Питер Деменс и занялся, с переменным успехом, предпринимательством. К несчастью, строительство железной дороги и закладка Санкт-Петербурга полностью разорили его. Ныне здесь, у берега моря, разбит парк его имени, где находится гранитный постамент в память основателя города.

В 1914 году «град Петра» стал свидетелем грандиозного по тем временам события. Здесь открылась первая в мировой истории коммерческая авиалиния. Петербургские аэропланы совершали полёты над заливом—не Финским, но Мексиканским. Пассажирский билет стоил немалые деньги: пять долларов.

Субтропический Санкт-Петербург быстро стал центром туризма, ибо «солнечный город» со всех сторон окружён водой и великолепными пляжами. Средняя зимняя температура флоридского Сент-Пита, как зовут его жители, равна средней летней температуре русской «Северной Венеции». Коренные петербуржцы так уверены в своей хорошей погоде и гордятся ею, что одна из местных газет имела давнюю традицию не выходить в те дни, когда нет солнца. В городе романтических закатов и девушек в смелых купальниках есть колледжи и театр, Музей изящных искусств и Музей истории Санкт-Петербурга. В качестве «вишенки на торте» туристов привлекает огромное

Музей Сальвадора Дали в Санкт-Петербурге, Флорида

стеклянное яйцо у лукоморья — музей Сальвадора Дали с доброй сотней его работ.

Полному тёзке первого русского императора не довелось увидеть расцвет своего детища. Пётр Алексеевич продал железнодорожные акции и переселился в Калифорнию, где содержал прачечную. В 1893–1914 годах Дементьев активно сотрудничал с петербургским (русским) журналом «Вестник Европы». Его очерки и статьи выходили под псевдонимом П. А. Тверской. Интересно, что читателями Тверского были такие разные персонажи, как император Николай II и Владимир Ульянов-Ленин. Имя Питера Деменса сегодня мало что говорит как русским, так и американцам. Полузабытая и полулегендарная личность, он тем не менее обозначил русское присутствие на пёстрой карте страны за океаном.

О КОРОВАХ И ЛЮДЯХ

«Ночной Чикаго, к которому мы подъехали по широчайшей набережной, отделяющей город от озера Мичиган, показался ошеломительно прекрасным. Справа была чернота, насыщенная мерным морским шумом разбивающихся о берег волн. По набережной, почти касаясь друг друга, в несколько рядов с громадной скоростью катились автомобили, заливая асфальт бриллиантовым светом фар. Слева — на несколько миль выкроились небоскрёбы. Их светящиеся окна были обращены к озеру. Огни верхних этажей небоскрёбов смешивались со звёздами».

Жители Чикаго произносят название родного места как «Щщикаго», и в этом слышится особый шик. Главный город штата Иллинойс вытянулся длинной полосой вдоль берега необозримого, как море, второго по объёму из пяти Великих озёр. Собственно, этим и описывается архитектоника города: многокилометровые ленты бетонных и железных дорог, створы улиц, вечный непокой «города ветров». Ильф и Петров в комической сценке с неправильной парковкой их автомобиля и грозным чикагским полицейским подметили витающий здесь дух соперничества с Нью-Йорком, немаловажный для самоутверждения «столицы Среднего Запада».

Облик американских больших городов всегда поражал иностранцев. Анри Озёр, профессор истории Сорбонны, посетивший США в начале 1920-х, писал: «Завод в Чикаго или скамейка в его метро в полдень — это настоящий этнографический музей».

В парикмахерской на Мичиган-авеню, где мы стриглись, один мастер был серб, другой — испанец, третий — сло-

79

вак, а четвёртый — еврей, родившийся в Иерусалиме. Обедали мы в польском ресторане, где подавала немка. Человек, у которого мы на улице спросили дорогу, не знал английского языка. Это был грек, недавно прибывший сюда, прямо к черту в пекло, с Пелопоннесского полуострова. У него были скорбные чёрные глаза философа в изгнании. В кинематографе мы внезапно услышали в темноте громко произнесённую фразу: «Маня, я же тебе говорил, что на этот пикчер не надо было ходить». — Вот, вот, мистеры, — говорил Адамс, — вы находитесь в самой настоящей Америке.

Шервуд Андерсон, которого нередко называют среди лучших литераторов двадцатого века, сказал: «Любой американец, много поездивший по родной стране, в конце концов оказывается в городе, который становится его домом. Можно родиться в городке или на ферме, но от большого города-дома не уйти никому. Для меня таким домом стал Чикаго».

Помимо Шервуда Андерсона немалое значение сыграл Чикаго в творчестве Теодора Драйзера, Эдгара Ли Мастерса, Карла Сэндберга. Последний посвятил своему городу немало выразительных строк:

> Свинобой для всего мира,
> Машиностроитель, хлебный маклер,
> Хозяин всех перевозок,
> Буйный, хриплый, горластый,
> Широкоплечий город.

В Нью-Йорке долгое время высокомерно называли Чикаго «Западной деревушкой». Ко времени приезда сюда Ильфа и Петрова он стал вторым по числу жителей городом Америки и четвёртым в мире. За пределами США Чикаго обгоняли только Лондон и Париж. Казалось, амбициозная «столица прерий» воплотила свои самые дерзновенные планы. Оставалось ли ещё место для мечты на ветреных берегах Мичигана?

Небоскрёбы как здания и как философию придумали не на Гудзоне, а в городе у озера. Следующие сто лет прошли в борьбе за первенство, за самый лучший кусок неба. Ильф и Петров писали, что американские высотки «вызывают чувство гордости за людей науки и труда, построивших эти великолепные здания». Ретроспективно Чикагская архитектурная школа выиграла первенство, задав направление эстетических и функциональных поисков XX века.

Два события определили судьбу города: великий пожар 1871 года и основание Чикагского университета двадцать лет

Водокачка на Мичиган-авеню, Чикаго

спустя. Как водится, в пожаре винили чью-то корову, опрокинувшую неосторожно оставленный в хлеву фонарь. Трёхдневная огненная стихия практически полностью уничтожила центральную часть города, что позволило в дальнейшем перестроить и архитектурно преобразить «столицу прерий».

Газеты писали, что размеры стихийного бедствия на Мичигане превзошли пожар Москвы во время войны 1812 года. Буквально несколько построек уцелело в огне. Самое известное из них—водонапорная башня, ставшая неофициальным мемориалом пожару. При любых других обстоятельствах это техническое сооружение, облечённое в угловатые формы неоготики, не представляло бы исторического интереса. После чикагской катастрофы водокачка оказалась старейшим зданием в центре города. По легенде, смотритель башни не покинул своего поста среди огненного хаоса и продолжал подавать пожарникам воду, а затем, чтобы избежать мучительной смерти, поднялся на верхний уровень и повесился. Местные жители считают, что призрак висельника иногда появляется в окне водокачки. Подобные истории никогда не смущали деятельных чикагцев, построивших вокруг башни новую, фешенебельную Мичиган-авеню, лучшую из улиц города.

После пожара 1871 года английская королева Виктория и видные политики Великобритании выступили с предложением пожертвовать книги в библиотеку Чикаго, но оказалось, что никаких публичных библиотек в городе не имелось. Поэтому первое литературное собрание разместили в уцелевшей водонапорной башне: книги хранились в резервуаре, а читальный зал был в её кирпичном основании.

Первые сооружения «нового города» все ещё копировали старосветские образцы. Мост через Чикаго-ривер смахивает на парижский мост Александра III. Самый крупный городской синематограф («Чикагский театр») фасадом повторяет Триумфальную арку французской столицы, а вестибюлем—версальскую часовню. Но в это же время зодчий Луис Салливен сформулировал основные принципы современной архитектуры («Форма следует за функцией»), а его ученик, Фрэнк Ллойд Райт, начал свои первые эксперименты с «органической архитектурой» в пригороде Чикаго Оук-Парке.

Новая эстетика урбанизма родилась, когда электричество стало вытеснять пар и появился лифт, внедрился стальной каркас, позволивший зданию расти в высоту, а люди познакомились с такими достижениями цивилизации, как сантехника, центральное отопление и вентиляция. Из этих прозаических, но необходимых вещей пассионарный дух пионеров Запада создал новаторские, мощные и запоминающиеся образы: из Чикаго в мировую архитектуру вошёл силуэт делового высотного билдинга. И даже самое известное в «столице мира» здание на рубеже веков—«Флэтайрон» (Дом-утюг) на углу Бродвея и Пятой авеню—рождено людьми со Среднего Запада.

Америка настойчиво искала новый язык современного градостроительства. Несомненные успехи архитектуры двадцатого столетия остались за рамками русского травелога. Путешественники не увидели творений американского гения Фрэнка Ллойда Райта, хотя были совсем рядом: в Чикаго, Пенсильвании, Калифорнии, где находятся его главные работы. Создатель «органической архитектуры», он воплощал мечты о гармонии между строительными формами и окружающим миром. В 1935 году модель «Города широкого простора» Ф. Л. Райта выставлялась на Industrial Arts Exhibition (выставке промышленного дизайна) в Рокфеллеровском центре в Нью-Йорке. И в том же году началось строительство одной из архитектурных жемчужин Райта—«Дома над водопадом».

Америка предстала советским посланцам иной реальностью, другим миром, перевёртышем за океаном. Фантастичен Нью-Йорк с его рекламным «дрессированным электричеством», невероятны гладкие дороги и технические новинки, и не менее фантастична американская природа с её «неземными» пейзажами. При этом существует типологическое сходство СССР и США, стран-континентов, стран-утопий. Сравнения разбросаны по всей книге, иногда фельетонного характера, но зачастую иносказательные.

«Америка не знает, что будет с ней завтра—утверждали авторы „Одноэтажной“.—Мы знаем и можем с известной точностью рассказать, что будет с нами через пятьдесят лет». Как мы знаем задним числом, утопия не состоялась ни в одной стране.

Страна мечты Фрэнка Ллойда Райта называлась не Утопия, а Усония — от USONA, Соединённых Северо-Американских Штатов, как в ту пору европейцы называли США. «Города-сады» Райта должны были быть доступны каждому, и зодчий разрабатывал проекты недорогих усонийских домов для обыкновенных граждан. Некоторые из них сохранились до наших дней.

У Достоевского Митя Карамазов назвал американцев «машинистами необъятными». Маяковский писал о Чикаго как о городе, который стоит на одном винте, «весь электро-динамомеханический». Вместе с великим городом, начинавшим как столица скотобоен, американские «города-выскочки» не просто прокладывали мили асфальтовых дорог и расчерчивали новые кварталы, но стремились «застолбить» за собой место культурного центра. На Старом континенте эти усилия более сотни лет вызывали снисходительную улыбку эстетов и обильные язвительные рецензии. Тем не менее, во многих из «выросших из ничего» в прериях или пустынях крупных городах США сегодня имеется хороший университет, прекрасный симфонический оркестр, заслуживающий внимания художественный музей. Таковы Индианаполис и Хьюстон, Цинциннати и Миннеаполис.

Весьма характерным примером служит Форт-Уорт (Fort Wort) в штате Техас. Основанный в 1849 году как армейская застава на отдалённой реке, названный в честь генерала, ветерана мексиканских и индейских войн, Форт-Уорт сегодня постепенно превращается в город-миллионник. Российская история, к слову, отмечена схожими взлётами очень молодых городов: Новосибирск, Хабаровск, Владивосток… Техасская же глухомань в гораздо большей степени Скотопригоньевск, чем отчий дом братьев Карамазовых. Грубоватая семантика подчёркивает: обитателям обоих провинциальных городков были присущи черты отнюдь не возвышенного свойства. «Коровий город» (Cowtown), как называли Форт-Уорт, видел человеческие драмы высокого накала, но на них не нашлось великого пера.

В одной из своих поэм Роберт Фрост сетовал:

Как нам создать роман.
Подобный русскому, в Америке,
Где жизнь давно трагизма лишена?
Вот он, тупик, из коего не может
Литература выбраться никак.
Нам нужно из немногих наших бед
Извлечь хотя бы толику страданий.
К чему ждать от писателей напрасно,
Что выйдут Достоевские из них,
Когда вокруг покой лишь да удача?

(Перевод С. Таска)

Чикаго и Форт-Уорт — Скотопригоньевски по рождению, отличавшиеся лишь размером, трансформировались в «продвинутые» национальные центры индустрии и культуры. Так, «коровий город» в центре Техаса нежно лелеет превращённую в музей Скотную биржу и международный конкурс пианистов имени Вана Клиберна (того самого, любимца русских), самый большой в стране дворец родео и оперную сцену Басс Перформанс Холл, Зал славы ковбоев и каугерлз (пастухов и пастушек) и отменный Музей искусств Кимбелла.

Статус «альфа-города» («города-вожака») Чикаго приобрёл во многом благодаря своему университету. На нефтяные барыши Джона Д. Рокфеллера союз баптистов учредил в 1890 году учебное заведение, которое бросило вызов «восточному берегу» — старым и престижным университетам Лиги плюща — Гарварду, Йелю, Принстону. Сам Рокфеллер впоследствии признался, что здешний университет оказался лучшей из инвестиций за всю его жизнь. Амбициозные начинания Чикагского университета, формируя идеологию и устремления Среднего Запада, во многом определили жизнь всей страны: от самого крупного академического издательства в США до первого в мире ядерного реактора.

Иногда кажется, что французские импрессионисты работали, главным образом, чтобы прославить американские музеи. Моне и Ренуар обрели вторую родину в монументальных храмах изящных искусств Нового Света. Интересно, что

Форт-Уорт. Окружной суд

и в самом Париже в 1986 году пошли, в некотором смысле, по американскому пути, отдав враждовавшим при жизни Салону и импрессионистам багажные отделения и перроны бывшего железнодорожного вокзала д'Орсэ.

Художественный институт Чикаго занимает место в первой пятёрке американских музейных собраний. Создатели «Одно-этажной Америки» проехали мимо всех известных музеев, да и нам нет нужды повторять глянцевые путеводители. Чикагская коллекция обширна: от древних амфор до витражей Шагала. Но у знаменитого Художественного института имеется собственная икона, вокруг которой долгое время ломали копья искусствоведы и обыватели.

Грант Д. Вуд — один из немногих художников-реалистов XX века, безоговорочно признанный классиком. Проведший большую часть жизни в заштатной Айове, он стал одним из лидеров мощного движения американских регионалистов. Фермерский сын Вуд закончил Художественную школу Чикагского университета, но поначалу увлекался ювелирным искусством. Некоторое время он учился в Мюнхене и Париже, однако с удовольствием возвратился домой: «Я, было, поддался идее молодых французов: сидеть в „Ротонде" и ждать вдохновения. А потом признался себе, что мне лучшие идеи приходили тогда, когда я доил коров».

Трезвомыслящие жители родного штата воспринимали полотна Вуда скептически. На выставке в Айова-Сити художник подошёл к фермеру, который долго стоял, качая головой, перед картиной «Молодая кукуруза». Тот повернулся к земляку-живописцу и сказал укоризненно: «Разве кукуруза вырастет на таком крутом склоне? За этот участок я бы не дал и 35 центов за акр».

За свою картину «Американская готика», присланную на конкурс в Чикаго в 1930 году, Вуд неожиданно получил премию в триста долларов. Сначала члены жюри увидели в ней «юмористическую открытку-валентинку», но один из кураторов музея уговорил взять картину в экспозицию. Не особенно известный за пределами Айовы, художник проснулся знаменитым.

Чтобы попасть в сердце нации, нужно было изобразить две статичные фигуры — фермера с дочерью на фоне их белого домика, построенного в стиле деревенской «плотницкой готики». В правой руке у фермера вилы, которые он держит в крепко сжатом кулаке так, как держат винтовку. Дочь поселянина типично пуританского облика, в старомодном переднике и с прибранными волосами, как на старых американских семейных дагерротипах. Если внимательно изучать картину,

Грант Вуд.
«Американская готика»,
1930

то видно, что вдвоём мужчина и женщина повторяют форму окна, которое в свою очередь повторяется в контуре вил и вышивке на фермерской сорочке.

Такие известные художественные критики, как Гертруда Стайн и Кристофер Морли, считали, что картина представляет собой сатиру на «сермяжную» жизнь маленьких американских городков. Выходило, что Грант Вуд замахнулся на святое. Художника обвиняли в том, что он простонапросто издевается над простыми сельскими тружениками, представляя их упрямыми недружелюбными ретроградами. «Советую повесить этот портрет на одной из наших добрых сыроварен Айовы,— иронизировала в письме в местную газету *Des Moines Register* жена фермера миссис Эрл Робинсон.— От выражения лица этой женщины определённо будет скисать молоко».

Великая депрессия поменяла отношение к картине. Стали писать, что Грант Вуд передал спокойную уверенность, веру в себя и непоколебимый дух простых американцев. А в 1978 году массивная пятитомная советская энциклопедия «Искусство стран и народов мира» разъясняла: «В набожном полуграмотном поселянине со Среднего Запада, узколобом шовинисте, регионалисты нашли столь желанную для них фигуру стопроцентного американца».

Героев двойного портрета Гранта Вуда можно встретить в Чикаго, Форт-Уорте и в тысячах «коровьих» городков по всей земле янки. В прошлом столетии «Американская готика» была самой тиражируемой и самой пародируемой масс-медиа картиной в США, мемом и брендом страны, в которой, по словам Набокова, «наряду с провалами в дикую пошлость», имеются «вершины, на которых можно устроить прекрасные пикники с „понимающими" друзьями».

Русские литературные проводники по Америке Ильф и Петров подметили все контрасты столицы Среднего Запада:

> Чикаго может показаться тяжёлым, неуклюжим, неудобным городом. Едва ли где-нибудь на свете рай и ад переплелись так тесно, как в Чикаго. Рядом с мраморной и гранитной облицовкой небоскрёбов на Мичиган-авеню — омерзительные переулочки, грязные и вонючие. В центре города торчат заводские трубы и проходят поезда, окутывая дома паром и дымом. Некоторые бедные улицы выглядят как после землетрясения…

Их старший современник Теодор Драйзер в романе «Титан» создал поэтическую песнь городу своей юности:

> На берегу мерцающего озера лежит этот город-король в лохмотьях и заплатах, город-мечтатель, ленивый оборванец, слагающий легенды, — бродяга с дерзаниями Цезаря, с творческой силой Еврипида. Город-бард — о великих чаяниях и великих достижениях поёт он, увязнув грубыми башмаками в трясине обыденного.

ПРОДУКТЫ ПИТАНИЯ

Значительная часть сочинения Ильфа и Петрова посвящена их гастрономическим страданиям. «Вообще если можно говорить о дурном вкусе в еде, то американская кухня, безусловно, является выражением дурного вкуса, вызвавшего на свет такие ублюдки, как сладкие солёные огурцы, бэкон, зажаренный до крепости фанеры, или ослепляющий белизной и совершенно безвкусный (нет, имеющий вкус ваты!) хлеб».

Современному читателю «Одноэтажной Америки» могут потребоваться пояснения: в начале 1930-х годов рядовые советские граждане не употребляли маринованных огурцов и не имели тостеров для поджаривания хлеба на завтрак.

«Не делайте из еды культа»,— возможно, ответил бы своим создателям Остап Бендер. Попробуйте и сегодня найти вдоль дороги в американской или же российской глубинке поварские изыски. Однако тема слишком серьёзна, чтобы её опустить. Конфликт Старого и Нового Света приобретает здесь особое звучание. Американская кухня, как и другие культурные традиции США, продолжают вызывать у европейских эстетов иронические улыбки—невыразительная, лишённая тонких вкусовых ощущений.

Главная из причин уходит в историю. Родителей, как известно, не выбирают—прародительницей звездно-полосатой демократии была пуританская Англия со своей скучноватой однообразной кухней. Поэтому едкий афоризм гурмана и дипломата князя Талейрана справедлив для обоих англо-саксонских берегов: «Здесь имеется более тридцати различных религиозных сект и всего один соус».

Туманный остров незыблемой овсянки, фасоли и утренней яичницы с беконом был корневой системой Pax Britannica. На закате XVIII столетия колониальные продукты начали менять существовавший миропорядок. «Чай и патока стали главными ингредиентами революции»,—скажет непосредственный участник событий Джон Адамс, будущий второй президент США. Из патоки производили ром, который был отнюдь не лишним для поднятия мятежного духа, а портовое «Бостонское чаепитие» вечером 16 декабря 1773 года «заварило» Войну за независимость.

В Соединённых Штатах наличествуют собственные гастрономические жемчужины, которые можно отыскать в региональных кухнях. Хотя бы уже для этого важно перечитывать американскую классику. В романе-эпосе Германа Мелвилла «Моби Дик», завязка сюжета которого происходит в городе китобоев Нью-Бедфорде, одна из глав полностью посвящена атлантическому улову. Название самого известного супа Новой Англии клэм-чаудер (Clam Chowder) вызывало необыкновенные затруднения российских переводчиков, которые долго именовали дары моря «разинькой» или «венеркой». Попробуйте и вы адекватно перевести сие кулинарное изобретение янки.

Традиционно густую рыбацкую похлёбку чаудер готовят из картофеля, лука, ветчины или сала, муки и моллюсков с добавлением молока или сливок. Протагонист «Моби Дика» сообщает: «Однако из кухни потянул горячий дымный аромат, в значительной мере опровергавший мои безрадостные опасения. Когда же дымящееся блюдо очутилось перед нами, загадка разрешилась самым восхитительным образом. О любезные други мои! Послушайте, что я вам расскажу! Это были маленькие, сочные моллюски, ну не крупнее каштана, перемешанные с размолотыми морскими сухарями и мелко нарезанной солёной свининой! Все это обильно сдобрено маслом и щедро приправлено перцем и солью!»

История чаудера не обошлась без местничества и региональной «войны рецептов». Добавление помидоров в морскую похлёбку патриотичные жители Новой Англии считают варварской привычкой, идущей из Нью-Йорка. В 1939 году в Палату представителей штата Мэйн даже был внесён законопроект о запрете помидоров в лучшем из супов.

Реклама вдоль дороги

Во множестве местных рецептов запечатлена американская история с географией, а первая национальная поваренная книга в США увидела свет в 1796 году. Название её звучало в духе эпохи: «Американская кулинария, или Искусство готовки кушаний, рыбы, дичи и овощей, а также лучшие способы приготовления теста, слоек, пирогов, пирожных, пудингов, кремов и варений. Пригодно для нашей страны и для всех уровней достатка».

Кулинария нередко подчёркивала политическую историю государства. Тот же помидор, близкий родственник белены и дурмана, в прошлом считался растением несъедобным и даже ядовитым. Подкупленный британцами повар Джорджа Вашингтона тайно подмешивал генералу в пищу «красное зелье». Главнокомандующий армией Соединённых Штатов ел с аппетитом и высоко отзывался о кулинарных ухищрениях своего повара.

«Еда была такая роскошная, что я готов прослезиться при одном воспоминании»,—написал в «Автобиографии» Марк Твен. Его упоительные воспоминания о горячих гречневиках, пахте и пирогах с персиками отразили извечное противостояние северных и южных штатов: «Главная роскошь заключалась в том, как всё это было приготовлено—особенно некоторые блюда: например, маисовые лепёшки, горячие сухарики, булочки и жареные цыплята. Ничего этого не умеют готовить как следует на Севере».

В тяжёлые времена галльские простолюдины перебивались хлебом, луком, чёрствым сыром. Из пищи бедных со временем возник стильный луковый суп в горшочке с гренками и сырной румяной корочкой. Первые европейские поселенцы в Новом Свете в голодные годы стали употреблять морепродукты, то есть с отвращением ели устриц и омаров. «Кухню нищеты» вернули нам в красивой оболочке маркетологи.

Гастрономический конфликт разделил полушария. Американские рыбаки выбрасывают тресковую печень обратно в море, а на российском столе она традиционно считалась деликатесом. Европейцы оценили нежное мясо лобстеров, но не едят их склизкие зелёные внутренности (tomalley), что для американских гурманов самый смак.

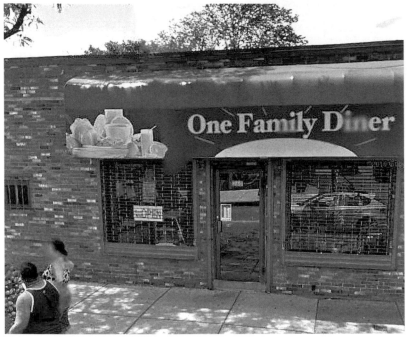

Провинциальный дайнер

Москвичам Ильфу и Петрову, в долгом путешествии скучавшим по семьям и домашним котлетам, решительно не везло даже с гастрономическими импровизациями.

Мы с нежностью посмотрели на светящуюся вывеску «Ориджинэл Мексикан Ресторан»—«Настоящий мексиканский ресторан». Вывеска сулила блаженство, и мы быстро вошли внутрь. На стенах ресторана висели грубые и красивые мексиканские ковры, официанты были в оранжевых рубашках из шёлка и сатанинских галстуках цвета печени пьяницы. Очарованные этой, как говорится, оргией красок, мы беззаботно чирикали, выбирая себе блюда. Заказали суп, название которого сейчас уже забылось, и какую-то штучку, называвшуюся «энчалада». Название супа забылось, потому что уже первая ложка его выбила из головы всё, кроме желания схватить огнетушитель и залить костёр во рту. Что же касается «энчалады», то это оказались длинные аппетитные блинчики, начинённые красным перцем, тонко нарезанным артиллерийским порохом и политые нитроглицерином.

Весёлые преувеличения Ильфа и Петрова читаются легко, как старые советские шутки об острых кавказских блюдах. С тех, уже далёких времён, Америку захлестнула стихия этнических ресторанов, от гастрономических алтарей Страны восходящего солнца до простонародных пиццерий, от славянских приютов борща и шансона до крошечных, в два столика, «кантонских» забегаловок.

Советские сатирики сегодня могли бы нам сообщить, что ситуация с американским общественным питанием заметно улучшилась. В стандартной пластиковой закусочной вас по-прежнему одарят нехитрой расфасованной снедью и невразумительным «кофе» вкуса картонного стаканчика. Но даже в непретенциозном сетевом ресторане в провинции могут одновременно предложить итальянский суп минестроне или французский луковый суп—и это при том, что во всей округе не сыскать хотя бы одного, побывавшего на берегах Сены, Тибра или даже на берегах Потомака, в собственной столице. А хороший кофе, к слову, появился в Соединённых Штатах под именем литературного персонажа. Популярная сеть кафе «Старбакс» названа в честь мелвилловского штурмана из «Моби Дика».

Во время пребывания в Америке Ильф и Петров сочинили фельетон «Колумб причаливает к берегу» с обыгрыванием смешной ситуации, как если бы великий мореплаватель попытался «открыть» страну в 1930-х. Из пародийного «доклада» Христофора Колумба испанской королеве:

Мне пришлось установить, что туземцы являются язычниками: у них много богов, имена которых написаны огнём на их хижинах. Больше всего поклоняются, очевидно, богине Кока-кола, богу Драгист-сода, богине Кафетерии и великому богу бензиновых благовоний— Форду.

На кока-коле оттачивали остроумие обоймы советских журналистов. Коричневая газировка с красно-белой этикеткой продолжает приводить в ужас диетологов всего мира избытком сахара. Предание гласит, что весной 1886 года провизор и составитель патентованных снадобий Джон Пембертон сварил этот «мозговой тоник», как он её называл, на заднем дворе своего дома в Атланте в большом медном чане, похожем на котёл ведьм. Во времена Ильфа и Петрова этот напиток вышел, с помощью рекламы, на пик популярности.

Первый месяц мы держались стойко. Мы не пили «Кока-кола». Мы продержались почти до конца путешествия. Ещё несколько дней—и мы были бы уже в океане, вне опасности. Но всё-таки реклама взяла своё. Мы не выдержали и отведали этого напитка. Можем сказать совершенно чистосердечно: да, «Кока-кола» действительно освежает гортань, возбуждает нервы, целительна для пошатнувшегося здоровья, смягчает душевные муки и делает человека гениальным, как Лев Толстой. Попробуй мы не сказать так, если это вбивали нам в голову три месяца, каждый день, каждый час и каждую минуту!

Самый американский из всех напитков породил известную всем сказочную аберрацию. В 1931 году по заказу штаб-квартиры компании в Атланте шведский художник Хэддон Сандблом нарисовал Санта Клауса—не в виде привычного жизнерадостного эльфа, а как весёлого старика с густой седой бородой и румяными щеками в красно-белой шубе (официальных цветов кока-колы). С тех пор этот Санта стал популярным и любимым символом рождественских и новогодних праздников.

За три года до американского путешествия Ильфа и Петрова южные области России и Украина пережили чудовищный голодомор, о котором не разрешалось упоминать в печати. Как тяжело жила советская деревня и чем кормила заводская или студенческая столовая и через поколения не выветрилось из памяти. А в «Одноэтажной Америке» появляется длинное и несколько футуристическое описание стандартного американского сетевого ресторанчика самообслуживания:

> Кафетерия была большая, очень светлая и очень чистая. У стен стояли стеклянные прилавки, заставленные красивыми, аппетитными кушаньями… Тут грелись супы, куски жаркого, различной толщины и длины сосиски, окорока, рулеты, картофельное пюре, картофель жареный и варёный и сделанный в виде каких-то шариков, маленькие клубочки брюссельской капусты, шпинат, морковь… Далее шли салаты и винегреты, различные закуски, рыбные майонезы, заливные рыбы. Затем хлеб, сдобные булки и традиционные круглые пироги с яблочной, земляничной и ананасной начинкой. Тут выдавали кофе и молоко. Мы подвигались вдоль прилавка, подталкивая поднос. На толстом слое струганого льда лежали тарелочки с компотами и мороженым, апельсины и разрезанные пополам грейпфруты, стояли большие и маленькие стаканы с соками.

С 1 октября 1935 года в СССР отменили карточки на мясо, масло, рыбу, сахар и картошку. При продаже этих продуктов сразу же установили норму отпуска «в одни руки». За съестным по-прежнему «охотились», выжидая по несколько часов в очереди. В конце 1935 года артист Аркадий Райкин увековечил со сцены слово «авоська» — прозвище народной плетёной сумки, необходимой в поиске продуктов.

Спустя год после вояжа Ильфа и Петрова состоялось другое большое путешествие в США, которое оставило след в душе каждого советского человека. Делегация во главе с народным комиссаром пищевой промышленности Микояном «прорубила» гастрономическое окно в Америку. По признанию самого наркома, его ведомство в то время представляло собой даже не пищевую промышленность, а «пищевой промысел». Бывший бакинский подпольщик Анастас Иванович Микоян два с лишним месяца колесил по Штатам, изучая передовые технологии мясокомбинатов и капиталистических ферм.

Много закупок было сделано советской делегацией: от линий промышленного хлебопечения до рецептуры любимого всеми пломбира в вафельном стаканчике. Интересно, что «хамбургер» Микояну понравился (в итоге появилась московская «микояновская» котлета за шесть копеек), а кока-колу нарком забраковал, посчитав её производство слишком трудоёмким. Тогда же Советском Союзе появилась на свет колбаса «Докторская». Новый диетический продукт (аналог американской «болоньи») предназначался «… больным, имеющим подорванное здоровье в результате гражданской войны и царского деспотизма».

Из Калифорнии в СССР привезли производственную базу для игристого вина, ставшего впоследствии «Советским шампанским». Из Чикаго — линии для производства сосисок и колбас, консервированного горошка и майонеза, получившего красивое название «Провансаль». Сложившийся позднее советский новогодний ритуал — отечественное шампанское и салат оливье — начинался с американских ингредиентов Микояна.

В 1939 году в СССР, впервые с дореволюционных времён, была опубликована «в помощь домохозяйкам», как говорилось на обложке, и при непосредственном участии Анастаса Микояна «Книга о вкусной и здоровой пище». Помимо неизбежных ссылок на товарища Сталина, «Книга» смело представляла заокеанский опыт: «Намечая меню завтрака, полезно вспомнить хороший американский обычай: подавать к раннему завтраку различные фрукты». Или: «В Америке производство филе получило чрезвычайно широкое развитие».

У микояновской «Книги» оказалась особая судьба. Не проходивший по разряду художественной или политической литературы, поваренный справочник стал советским культурным феноменом, бестселлером, отпечатанным в сознании миллионов людей. Великие художественные дарования и изощрённые кулинары Дж. Россини и А. Дюма-отец наверняка восхитились бы стилевыми изысками издания Наркомпищепрома: «Нет вкуснее рыбной закуски, чем слабосоленая, бледнорозовая, нежная и тонкая по вкусу лососина, с выступающими на разрезах капельками прозрачного жира».

Около 20 миллионов
американцев не имеют
средств для того, чтобы
купить больше одного
литра молока в месяц и
потреблять более 6 кило-
граммов мяса в год.

У НИХ ЛИШЬ ДЛЯ БОГАТЫХ ИЗОБИЛИЕ,
А МЫ СТРЕМИМСЯ К ИЗОБИЛИЮ ДЛЯ ВСЕХ

Советский плакат конца 1930-х годов

В стране дровяных плит, керосинок, примусов и керогазов советский чиновник открыто говорил о вкусовых тонкостях, доступности продуктов, изобилии... В связи с бесконечными трудностями со снабжением в народе ходила шутка, что раблезиански иллюстрированная «Книга о вкусной и здоровой пище» в её нескольких переизданиях — самая антисоветская публикация в СССР.

Великая кухонная утопия рождала литературные скрещения. В «Одноэтажной Америке» есть яркий пассаж:

Сидя в кафетерии, мы читали речь Микояна о том, что еда в социалистической стране должна быть вкусной, что она должна доставлять людям радость, читали как поэтическое произведение.

А в первом издании микояновской «кулинарной Библии» нашлось место прямой цитате из Ильфа и Петрова: «Упорная реклама приучила американцев пить соки перед первым и вторым завтраком…»

От советских писателей ждали, по словам Ильфа и Петрова, «жизненной правды в разрезе здорового оптимизма». В отмеченной немалым жизнеутверждающим оптимизмом «Одноэтажной Америке» прискорбно мало места отведено напиткам горячительного свойства. А ведь минуло два года, как Конгресс США и президент Франклин Рузвельт отменили измучивший всех сухой закон. Есть только эпизод с местным пивом в консервных банках. Первый сорт такого пива был сварен в 1933 году на немецкой пивоварне в Нью-Джерси и носил название весьма заманчивое: «Сливочный эль Крюгера» («Krueger Cream Ale»).

Это громадное дело,—сказал мистер Адамс, глядя, как вэйтер вскрывает пивные баночки,—и до сих пор, сэры, оно никому не удавалось. Мешал запах жести. Пиво обязательно требует дубовой бочки и стеклянной посуды. Но вы, мистеры, должны понять, что перевозить пиво в бутылках неудобно и дорого… Недавно нашли такой лак, запах которого в точности соответствует, как бы сказать, запаху пивной бочки. Между прочим, этот лак искали для нужд одного электрического производства, но вовсе не для пива. Теперь им покрывают внутренность консервных банок, и пиво не имеет никакого постороннего привкуса.

Ильф и Петров пили виски со льдом с Эрнестом Хемингуэем и разные коктейли с их нью-йоркским издателем («По нашим наблюдениям, с этого начинается в Америке всякое дело… Американцы любят сбивать коктейли»). В английском языке всячески обыгрывается многопотентность слова «spirit» — это и дух, и характер, и алкоголь. Побывавший в Америке философ Германн фон Кайзерлинг облёк американскую приверженность к коктейлям в мрачные тона:

> Я бы хотел, чтобы кто-то, знающий в этом толк, написал историю и психологию коктейля. В его лице мы имеем одно из самых экстраординарных изобретений всех времён. Коктейль не только одурманивает, вместо того, чтобы возбуждать, — его подлинная сущность состоит в смешении неподходящего с несоединимым. В этом, несомненно, есть глубокий смысл: коктейль должен быть вредным и не должен быть по-настоящему вкусным, одним словом, он представляет собой эксцентричное выражение пуританизма.

В спорах об американских вкусовых пристрастиях сломано немало перьев, но значение напитка Bourbon никто не отменял. Невыездные советские читатели, среди многого прочего, не знали старинного кентуккийского виски бурбон, не обсуждали вкусовые отличия его «прямых» сортов от купажированных. Дело даже не в знаменитом янтарном напитке, объявленном в 1964 году Конгрессом США национальным достоянием. В дополнение к кентуккийскому или теннессийскому бурбону непременно должен возникнуть образ аутентичного стейкхауза с крепкой старомодной мебелью или же ковбойского салуна с пендельтюром. Последнее означает дверь на качающихся петлях, открывающуюся в обе стороны. Впрочем, настоящие ковбои не жаловали заковыристые слова.

ТОМАС И ГЕКЛЬБЕРРИ

«Город зловещей уездной скуки»,—сказали о небольшом американском поселении советские сатирики. Стилистика выдаёт себя: схожий с ильфопетровским «уездным городом N» с его парикмахерскими, похоронными домами и мелкими обывателями, американский провинциальный населённый пункт наследует русской классике, от Гоголя до Чехова.

Старгород, Васюки, Колоколамск, Арбатов, Черноморск— великие пересмешники немало поиздевались над собственной провинцией, не пощадив даже Одессу-маму. И всё-таки для одного из маленьких американских городов писатели сделали исключение.

В российской публицистике двадцатого столетия было общим местом уподоблять Волгу и Миссисипи. Нелишне напомнить, что Ильф и Петров первыми и ввели такое сравнение. Поэтому столь узнаваемо их описание речного городка Ганнибала: «Он красиво лежит на холмах, спускающихся к Миссисипи. Подъёмы и скаты здесь—совсем как в волжском городке, стоящем на высоком берегу. Названий уличек мы не узнавали, но, казалось, они называются так же, как волжские улицы—Обвальная или Осыпная».

Жизнь на великой реке, старые легенды о вольнице и «лихих людях», белые пароходы с огромными колёсами и трубами, капитаны, коммерсанты, прожектёры, бойкая торговля на берегу…

> Сюда жемчуг привёз индеец,
> Поддельны вины европеец;
> Табун бракованных коней
> Пригнал заводчик из степей,

Игрок привёз свои колоды
И горсть услужливых костей;
Помещик — спелых дочерей,
А дочки — прошлогодни моды.

Так отразил волжские впечатления Александр Пушкин за два года до рождения Марка Твена. Городку Ганнибалу тогда шёл второй десяток лет…

Возник он на территории Миссури, на высоком правом берегу Миссисипи — это означало, что переселенческая волна с востока преодолела полноводный американский Рубикон, открыв дорогу к бескрайним землям континента. Интересно, что ещё в 1827 году министр финансов США говорил, что понадобится не менее пятисот лет, чтобы освоить западные территории. Сегодня самый известный памятник первопроходцам стоит в Сент-Луисе, главном городе штата Миссури. На берегу великой реки вознеслась двухсотметровая стальная арка «Врата на Запад» (The Gateway to the West), высочайший монумент на территории Соединённых Штатов.

В маленьком Ганнибале жизнь неспешно текла между пристанью и торговой Главной или Второй улицей. В 1839 году, когда сюда перебралась семейство судьи Джона Клеменса, отца писателя, в городке проживала тысяча жителей. В каком-нибудь десятке миль западнее Ганнибала, в степных просторах, ещё можно было встретить стада могучих бизонов, а в высокой траве, почти невидимые, мелькали тени индейских воинов-охотников. Впрочем, края ойкумены быстро двигались за горизонт, вслед жаркому солнцу прерий. По известному замечанию Карла Маркса, «отсутствие исторической традиции в Америке компенсировалось избытком чернозёма».

Сэмюэл Лэнгхорн Клеменс считается одним из самых «необразованных» американских писателей: он с грехом пополам одолел шесть классов описанной им в «Томе Сойере» скучнейшей школы, после чего с облегчением её оставил («Я никогда не позволял школе вмешиваться в моё образование»). Двенадцатилетний Клеменс начинал карьеру в качестве метранпажа — верстальщика в типографии, составлявшего из полос набора газетные страницы.

Джошуа Шоу. «Вечером на реке» (фрагмент), 1819

«Миссури Курьер» — гордо назывался этот листок плохонькой бумаги с расползающимся шрифтом. Так впоследствии выглядели многие русские эмигрантские издания в Америке: дивная смесь доморощенных новостей и виршей, реклама местных адвокатов, докторов и бакалеи, рубрика «анекдоты с бородой». Из всесведущего «Курьера» Марк Твен сделал первый шаг в большую литературу. Он умел видеть и слышать

104

жизнь, фольклор неотёсанного, молодого, задиристого Запада вливался в него великой рекой.

Отсюда и первая воплощённая мечта: стать лоцманом на Миссисипи. Для каждого отрока из речного поселения между Миннеаполисом и Новым Орлеаном огромный пароход был сияющим центром мироздания. Помните сцену из «Тома Сойера», когда мальчишка со знанием дела изображает речное судно?

> Подойдя ближе, он убавил скорость, стал посреди улицы и принялся не торопясь заворачивать, осторожно, с надлежащей важностью, потому что представлял собою «Большую Миссури», сидящую в воде на девять футов. Он был и пароход, и капитан, и сигнальный колокол в одно и то же время, так что ему приходилось воображать, будто он стоит на своём собственном мостике, отдаёт себе команду и сам же выполняет её.

Сэм поначалу был «лоцманским щенком» в обучении у старого речного проводника Х. Биксби и вызубрил Миссисипи наизусть, прежде чем стать к штурвалу. Он знал каждую излучину, отмель или порог, в паводок и в мелководье, мог видеть сквозь ночную мглу или утренний туман. Из речных глубин возник писательский псевдоним Mark Twain — отметка в две сажени лотового матроса, позволявшая кораблю свободно плыть дальше.

В отличие от старых городов восточного побережья, стоявших на фундаменте европейской культуры, Запад был «диким саженцем» Америки. Здесь коверкали язык и сочно бранились, одевались как попало и клали ноги на стол. Петербургский литератор Николай Полевой (придумавший вызывавшее насмешки слово «журналистика») писал в 1828 году: «Господствующий язык в Соединённых Штатах есть язык английский, изменённый некоторыми особенными идиотизмами». Просветитель Полевой имел в виду идиомы.

Реки-кормилицы Волга и Миссисипи, нанизывая торговые города, ещё до появления парохода стали континентальными бизнес-магистралями: с юга бечевой поднимали разнообраз-

Томас Салли.
«Рваная шляпа», 1820

ный импорт — сахар, вина, пряности, а с севера сплавляли древесину, кожи, муку, пушнину. На Миссисипи были в ходу сказы о некоем лодочнике и бурлаке Майке Финке. Он порою совершал жестокие поступки и дурно обращался с женой, но товарищи ценили его за недюжинную силу и удаль. Более известный нам волжский персонаж Стенька Разин ещё менее деликатно обошёлся с дамой сердца, персидской княжной.

Марк Твен великолепно выразил царившие на Миссисипи нравы языком детей:

> Рослая девица лет пятнадцати, в коленкоровом платье и широкополой шляпе, какие тогда носили, спросила, потребляю ли я табак, — то есть жую ли я табачную жвачку. Я сказал, что нет. Она посмотрела на меня презрительно и немедленно обличила меня перед всеми остальными: — Глядите, парню семь лет, а он не умеет жевать табак!

Самый известный адрес в Ганнибале — Хилл-стрит, 206, — дощатый двухэтажный дом, где провёл юные годы писатель. Ильф и Петров застали в живых двух хрупких старушек, живших в нём, — дальних родственниц семьи Клеменсов («Они... колеблются как былинки. В этом домике опасно вздохнуть — можно выдуть старушек в окно»).

Важнейшая интерактивная достопримечательность: белый «забор Тома Сойера», точная копия того, что стояла на этом месте. В первых числах июля, когда в Ганнибале проводятся ежегодные «Твеновские дни», дети из разных штатов, подвернув брючины и рукава, соревнуются, кто быстрее и качественнее справится с покраской забора. Сам хитрец Том, как мы помним, в оплату за малярную работу принимал яблоко, огарок свечи, стеклянный синий шарик, дохлую крысу на верёвочке и прочие прекрасные предметы.

На противоположной стороне от дома-музея на Хилл-стрит сохранилось ещё одно здание тех времён. Дом с садом, где обитало «прелестное голубоглазое существо с золотистыми волосами, сплетёнными в две длинных косы», Бекки Тэтчер, одноклассница и первая любовь писателя. В летние твеновские дни из местных школьников выбирают Тома и Бекки, которые, как послы культуры, в течение года представляют на разных фестивалях свою миссурийскую родину.

В Ганнибале, выведенном под именем Сент-Питерсберга, находится «пещера Тома и Бекки». Об этом страшном месте ходило много легенд начиная с 1820-х годов. Когда-то там будто бы скрывались разбойники, орудовавшие на Миссисипи, потом была станция так называемой «подпольной дороги», по которой тайно переправляли беглых невольников с рабовладельческого Юга на свободный Север. Известковый «лабиринт извилистых, перекрещивающихся между собой коридоров», уходил глубоко под землю, так что ни один человек не знал его точного плана.

Марина Цветаева посвятила героям Ганнибала одно из стихотворений:

> Темнеет, в воздухе свежо…
> Том в счастье с Бэкки полон веры.
> Вот с факелом Индеец Джо
> Блуждает в сумраке пещеры…

Ганнибал — не просто место рождения обаятельных книжных персонажей, но, главным образом, место рождения национального литературного языка. Подобно молодому Гоголю, сотворившему целый мир из пары уездов Полтавской губернии, Марк Твен создал из речного городка свою вселенную. Для нескольких поколений читателей Миссисипи брала исток прямо со страниц Марка Твена.

История рождения писателя и есть квинтэссенция американской истории. Он застал старосветскую Америку, хорошо знал страну Дикси с её патриархальным укладом, южным гостеприимством и родовой враждой богатых плантаторов-соседей, достойной шекспировских пьес. Миссури, родной штат Клеменса, сохранял своё положение «пограничья», когда разразился конфликт Севера и Юга. Ленивая Миссисипи во время Гражданской войны превратилась в мятежный «Тихий Дон», залитый кровью водораздел, когда брат пошёл на брата и обрушились все родовые и социальные устои.

Речные пароходы были сразу же реквизированы воюющими сторонами, но навигация прервалась на четыре военных года. Безработный лоцман Сэмюэл Клеменс поступил в ополчение южан, однако прослужил недолго. Через месяц ганнибальский ратоборец дезертировал «за границу», на Запад, где не действовали ни грозные декреты Севера, ни жаркие прокламации Юга.

Вирджиния-Сити, территория Невада, разросшийся посёлок старателей, видел Сэма Клеменса сначала в качестве искателя удачи, а затем — редактором местной газеты. Он никак не преуспел в качестве добытчика благородных металлов: невадская порода, несмотря на все усилия рудокопа Твена, казалась пустой, а серебро на его участке нашли сразу же после того, как Клеменс забросил кирку. Редактор из него получился куда лучше. Бойкая газета «Территориал Энтерпрайз», рассказывая местные новости, должна была ругать калифорнийцев — конкурентов по добыче драгметаллов и издательскому бизнесу.

Затем Марк Твен двинулся далее на запад (считается, что так редактор-острослов уклонился от вызова на дуэль), в Сан-Франциско, где было принято ругать «акул пера» из Невады. До появления «Приключений Тома Сойера» оставалось десять лет. Между газетной подёнщиной и большой литературой был твеновский патент за номером 122 992 на изготовление подтяжек для брюк, «годных также для кальсон и женских корсетов».

Как писал российский биограф Твена Максим Чертанов, «Том и Гек — две грани Американского Характера, и обе землякам любы. Один — энергичный, практичный, харизматичный лидер. Другой — „невинный дикарь“, философ-„простак“ с ясным взглядом, воплощённый дух Свободы…» Они, в некотором смысле, детские реинкарнации Дон Кихота и Санчо Пансы — маленькие странствующие персонажи с обострённым чувством справедливости и необходимости помощи ближнему. Да и сам их создатель посвятил немало строк собственным странствиям по всему миру, от африканских саванн до Ливадийского дворца русского царя.

Свои впечатления от многочисленных путешествий Марк Твен изложил в путевых заметках «Налегке» и «Простаки за границей». Вторая из книг имела оглушительный успех, долгое время автора знали в Америке именно как великого путешественника (к слову, Твен четырнадцать раз пересекал Атлантику). «Простаки» могли бы остаться незамеченными, если бы анонимный критик не опубликовал на книгу первую восторженную рецензию. Позже выяснилось, что этим критиком был сам Клеменс.

В начале XX века «Энциклопедический словарь Брокгауза и Эфрона» сообщал: «Как торговый центр, Аннибал беспрерывно развивается; наиболее значительные обороты он производит лесом, табаком, рожью и свининой. Из общественных зданий заслуживает особенного внимания оперный театр, сооружённый в 1882 году».

Когда в зрелые годы Твен приезжал сюда, он поднимался на высокий Кардифский холм, откуда открывался особенный мир его детства: «залитый солнцем белый городок» и царственная река. На поросшем густым кустарником холме когда-то стоял домик миссис Холидей, выведенный в «Приключениях Тома Сойера» под именем вдовы Дуглас. По ночам вдова оставляла в окне керосиновую лампу, свет которой служил ориентиром для лоцманов, ведущих пароходы по Миссисипи. Теперь на этом месте высится белая башня маяка.

Мы помним захватывающую историю, как Том и Гек выслеживали злодея Индейца Джо, задумавшего ограбить и убить добрую вдову миссис Дуглас, и как в финале книги друзья отыскали в пещере сундук индейца с золотом. Сегодня в подземных сталактитовых лабиринтах провели свет, избавились от летучих мышей и водят экскурсии.

«В заключение мы отправились к Кардифскому холму,—писали Ильф и Петров,—где стоит один из самых редких памятников в мире—памятник литературным героям. Чугунные Том Сойер и Гек Финн отправляются куда-то по своим весёлым делишкам. Недалеко от памятника играли довольно взрослые мальчишки. Они ничем не отличались от своих чугунных прообразов. Весёлый крик стоял у подножья памятника».

Интереснейшее наблюдение о друзьях молодости оставил В. Б. Шкловский: «Когда я их вижу, я вспоминаю Марка Твена. Мне кажется, что чуть печальный Ильф с губами, как бы тронутыми чёрным, что он—Том Сойер. Фантаст, человек литературный, знающий про лампу Аладдина и подвиги Дон Кихота, он человек западный, культурный, опечаленный культурой. Петров—Гек Финн—видит в вещи не больше самой вещи; мне кажется, что Петров смеётся, когда пишет».

Трое из братьев отца Ильфа эмигрировали в Америку, изменили фамилию на Файнсилвер и поселились в Хартфорде, столице штата Коннектикут. Илья Ильф повидался с дядями и кузинами, приехав из Нью-Йорка. Сохранилось его письмо жене:

Уинслоу Хомер.
«На пастбище» (фрагмент),
1874

> Марк Твен, когда был уже знаменитым писателем, много лет жил в Гартфорде, и я был в его доме… Познакомился он (старший дядя Натан—*Л. С.*) с Марк Твеном так: в 1896 году он был разносчиком и ходил по дворам, что-то продавал, что продавал—он теперь уже не помнит. Марк Твен жил рядом с Бичер-Стоу. Они сидели оба в саду, и Марк Твен заинтересовался дядей, потому что дядя носил длинные волосы, и сразу было видно, что он из России. Великий юморист его расспрашивал о России и просил дядю заходить каждый раз, когда он будет проходить мимо со своими товарами.

Многочисленная родня Ильфа из Хартфорда, города коннектикутских янки, утратив во втором поколении российскую идентичность, расселилась по всей Америке. История, типичная для страны «Юнайтед Стейтс».

В «Приключениях Гекльберри Финна» появляется пара артистичных гастролёров «Герцог» и «Король». Они в некотором смысле предтеча ильфопетровских героев: «сына турецкоподданного» и «уездного предводителя дворянства». Плутовской литературный мостик Марка Твена ведёт к О. Генри, к его «благородным жуликам» Джеффу Питерсу и Энди Таккеру. Их одесскими «молочными братьями» станут Шура Балаганов и Паниковский.

Два самых известных в двадцатом веке американских писателя, Уильям Фолкнер и Эрнест Хемингуэй, назвали Твена основоположником национальной литературы. Это не мешало охранителям сто с лишним лет запрещать и изымать его книги (особенно «Приключения Гекльберри Финна») из школьных библиотек. Клеменса обвиняли в нигилизме и расизме, сквернословии и богохульстве. Подобными вещами занималась в Советской России «куратор просвещения» Н. К. Крупская: с её подачи изымали из библиотек не только Платона и Декарта, но и «Курочку Рябу», «Конька-горбунка», «Муху-Цокотуху».

«Удивительное дело!—писали авторы „Одноэтажной Америки“.—Город знаменит не производством автомобилей, как Детройт, не бойнями и бандитами, как Чикаго! Его сделали знаменитым литературные герои „Приключений Тома Сойера", самых милых и весёлых приключений, существовавших когда-либо в мировой литературе… И даже самый серьёзный, самый деловитый американец, когда говорят об этом всемирно-знаменитом мальчишке, начинает улыбаться, глаза у него добреют».

Как российские читатели с интересом разгадывали прототипы «Двенадцати стульев» и «Золотого телёнка», так в США существует неохватная твениана. Считается, что образ Тома Сойера автобиографичен, а Гек Финн и другие мальчишки — собирательные персонажи. Бекки Тэтчер, в реальности дочь судьи Лора Хокинс, прожила долгую жизнь в Ганнибале, была замужем за местным врачом и содержала приют для сирот. Индеец Джо, по словам старожилов, был вовсе не злодеем, а известным всему городу добряком, который прожил здесь до 102 лет.

«А ведь „Том Сойер" просто псалом, переложенный в прозу»,— на склоне лет признавался писатель. Эпатажный сатирик и мистификатор остался верен себе даже после смерти. Последней его книгой была объёмная «Автобиография», которая открывалась типично твеновским предисловием: «Из могилы». Согласно воле писателя, книга увидела свет через сто лет после его смерти, в ноябре 2010 года (и моментально стала бестселлером). Говорят, что некоторые из литературных материалов Твена могут быть опубликованы только через 25 лет после «Автобиографии» (то есть в 2035 году), а иные из таинственных откровений— ещё через 25 лет, в 2060 году.

ОБЛАКА КАНЗАСА

«Иначинался новый день путешествия.
Мы пили помидорный сок и кофе в толстых кружках, ели «гэм энд эгг» (яичницу с куском ветчины) в безлюдном и сонном в этот час маленьком кафе на Мейн-стрит и усаживались в машину».

За окном автомобиля американская пастораль: сонные посёлки, деревянные церкви с белым шпилем, ухоженные старые кладбища, фермы, пастбища, луга без стогов, но со скатанным в большие рулоны сеном. Многие отмечали, что местный пейзаж патриотичен, напоминая красками американский флаг: синее небо, красные амбары, серебристые силосные башни на горизонте.

Путешественники миновали штат, именуемый за географическое положение «Перекрёстком Америки», а также «штат прерий» и «штат самоцветов». Гумберт во время второго своего долгого путешествия с Лолитой также пересекает эти «три штата, начинающиеся на I» — Индиана, Иллинойс, Айдахо. В пути рождается набоковский образ американской карты: «лоскутное одеяло сорока восьми штатов».

По окончании долгого автомобильного дня, устраиваясь на ночлег в очередном «трэвел-лодже», Ильф и Петров перезаряжают кассеты для фотоаппарата, разбирают бегло набросанные блокнотные пометки. В Нью-Йорке за тридцать три доллара они приобрели новую печатную машинку с русским шрифтом (лучший подарок для писателя). Но книга пишется трудно и совсем не похожа на прежние фельетоны и юмористические романы. Американский литератор Генри Миллер, долгое время проживший в Европе, скажет: «Я понял, почему

113

столь восхитительно трудно писать книги в Америке: она похожа на океан. Её слишком много».

В Скенектеди рассеянный мистер Адамс забыл в гостинице свою шляпу, вызвав гнев супруги-аккуратистки. Литературный приём — отдельное длительное путешествие американской шляпы вослед её хозяину, путаница с почтовой пересылкой — играет существенную роль в сквозном географическом сюжете романа.

Обитатели страны Америки вошли в историю как великие кочевники нового времени. Со времён караванов первопроходцев старое деревянное колесо стало символом и талисманом страны. Недаром его с гордостью, как фамильный герб, выставляют в местных тавернах и музеях. Сначала крытые парусиной фургоны пионеров («шхуны прерий») и скрипучие воловьи грузовые повозки, затем запылённые дилижансы со скудным багажом на крыше, наконец, «безлошадные самодвижущиеся экипажи», как именовали первые автомобили, в короткий срок изменили лицо страны. Восхитительное чувство движения и простора передал пассажир почтового дилижанса Сэм Клеменс: «Карета быстро мчалась по дороге, шторки и наши пальто, висевшие в кожаных петлях, лихо развевались по ветру. Мы раскачивались на мягких рессорах; стук копыт, щёлканье бича, крики „Н-но, ходи веселей!" музыкой звучали в наших ушах; земля поворачивалась к нам, деревья кружились, словно молча приветствуя нас, а потом застывали на месте и глядели нам вслед не то с любопытством, не то с завистью».

Так возникает примечательное сходство двух великих литератур. «Расстался я с вами, милые, расстался!» — начало первого национального романа «Письма русского путешественника». Особая тональность, заданная в отечественной словесности Н. М. Карамзиным, определила в дальнейшем ряд её специфических черт. Крупнейшие из классиков отдали дань традиции: «Путешествие из Петербурга в Москву» Радищева и «Путешествие в Арзрум» Пушкина, «Фрегат „Паллада"» Гончарова и «За рубежом» Салтыкова-Щедрина, «Зимние заметки о летних впечатлениях» Достоевского и «Остров Сахалин» Чехова. Пребывают в движении и самые знаменитые герои русской классики: путешествует Евгений Онегин и не слезает с коня Печорин, колесит по российским просторам неутомимый Чичиков, прямо «с корабля на бал» попадает в Москву Чацкий и, по законам жанра, «проездом» появляется в уездном городишке Хлестаков, бредёт по дорогам войны двенадцатого года Пьер Безухов и неустанен в своих путешествиях «очарованный странник».

Илья Ильф и Евгений Петров, следуя жанровой традиции, создали два великолепных романа-путешествия. В погоне за финансовой удачей Остап Бендер вовлекает в авантюрные странствия своих незадачливых компаньонов из «Двенадцати стульев» и «Золотого телёнка». Существуют версии, что авторы планировали в третьем плутовском романе отправить своего героя, «свободного художника и холодного философа» Бендера, в путешествие за океан.

«Мы катили между сжатыми полями кукурузы и пшеницы, мимо красных фермерских амбаров и дворов, где металлические ветряки качают воду из колодцев, и к середине дня достигли города Канзаса,—сообщали авторы „Одноэтажной“...—Итак, мы были в центре Соединённых Штатов, в центре прерий, в городе Канзасе, расположенном на реке Миссури. Что может быть более американским, чем такое место? Тем не менее хозяин ресторанчика, куда мы вбежали на минуту, чтобы согреться чашкой кофе, оказался бессарабским евреем из города Бендеры. Микроскопическая масонская звёздочка сверкала в петлице его пиджака. Бендеры, Миссури, Бессарабия, масонство—тут было от чего закружиться голове!»

Первым известным нам русским писателем, добравшимся до американских берегов ещё в XVIII столетии, был Фёдор Каржавин. Сын петербургского купца-старообрядца, он учился в Сорбонне, знал десять языков и, по его собственным словам, «шатался по всему свету, как трава от ветра колеблемая». Каржавин побывал учителем в Троице-Сергиевой лавре, парфюмером в Париже, плантатором на Кубе, коммерсантом в Вирджинии, аптекарем в армии генерала Вашингтона. «Мне пришлось... пересечь всю американскую конфедерацию, от Северной Каролины до Бостона»,—писал он. Собственные

115

Канзас-Сити

116

впечатления Каржавин изложил в многочисленных печатных работах, большая часть которых считается утерянной.

Лавры же «открытия Америки» для российского читателя принадлежали другому известному литератору и художнику Павлу Петровичу Свиньину. Выходец из старинного дворянского рода, знакомец Пушкина и Гоголя, он служил в министерстве иностранных дел, был в составе первого российского посольства в США. Здесь Свиньин написал несколько путевых очерков и «Письма русского путешественника по Северной Америке» (в русле традиции Карамзина). Автор популярных исторических романов и основатель знаменитого журнала «Отечественные записки» Павел Свиньин в 1815 году опубликовал книгу «Опыт живописного путешествия по Северной Америке» с несколькими десятками собственных акварелей, что было первой русской «иллюстрированной энциклопедией» американской жизни.

Историк американской литературы А. Н. Николюкин приводил связанный со Свиньиным петербургский апокриф, когда «святейший правительственный синод на всякий случай взял у него подписку в неедении там человеческого мяса, полагая, что город Нью-Йорк населён исключительно каннибалами».

Павел Петрович открывал для читателя диковинную заморскую цивилизацию: «Мне весьма нравится, что на каждом перекрёстке здесь прибита доска с надписью: „Закон повелевает держаться правой стороны“. И оттого никогда не бывает споров на дорогах». Пушкин в «Евгении Онегине» мечтал, что в России «лет чрез пятьсот» появятся первоклассные шоссе, «и заведёт крещёный мир на каждой станции трактир».

Так, помимо самой дороги, возникла тема придорожных услуг. «Здесь мы услышали слово „сервис“, что означает — обслуживание», — поведали своим читателям Илья Ильф и Евгений Петров.

Не склонный к поэтике кастильский завоеватель Франсиско де Коронадо, в 1541 году первым из европейцев добравшийся до прерий Канзаса, отметил: «Земля здесь кажется шаром — где бы ни находился человек, его со всех сторон на расстоянии арбалетного выстрела окружает небо».

Американская пастораль

Главный в этих краях город Канзас от небольшой пушной фактории у слияния индейских рек Миссури и Канзас прошёл путь до развитой двухмиллионной агломерации. Как существовало ревнивое соперничество Варшавы и Кракова или же давний спор Лондона и Эдинбурга, так же конкурируют два больших аграрных штата-соседа Канзас и Миссури. При этом сам Канзас-Сити разделяется полноводной Миссури на две неравные части: первая и большая часть конурбации находится в штате Миссури, а вторая, меньшая часть — в штате Канзас, что у неместных вызывает географическую сумятицу.

Чем конкурируют глубинные штаты? Красочными сельскохозяйственными ярмарками и пивоварнями, собственными чудесами природы и земляками-президентами. В советской политической истории середины XX века немалую роль сыграли миссурийский артиллерист, ставший сенатором, Гарри Трумэн и канзасский офицер, впоследствии главнокомандующий Дуайт Эйзенхауэр, соответственно 33-й и 34-й президенты США.

Штат Канзас основал заповедник национального масштаба Tallgrass Prairie (дословно — «Высокие травы прерий») как уникальную экосистему. Приманкой туристов и раем для палеонтологов стали меловые скалы Найобрера. Штат Миссури ответил соседу геологическим парком «Слоновьи камни» (Elephant Rocks) и десятком карстовых пещер. Город Канзас располагал к созданию чего-то сказочного.

В 1910 году здесь начинал свою деятельность «король открыток» Дж. К. Холл. Его корпорация Hallmark за сто с лишним лет добавила много добрых красок в американские семейные традиции. Как писали Ильф и Петров, «есть поздравления с днём ангела, с новосельем, с Новым годом, с рождеством. Содержание и стиль приспособлены решительно ко всем надобностям и вкусам… для молодых мужей, почтительных племянников, старых клиентов, любовников, детей, писателей и старух».

Канзасский мальчишка — разносчик газет Уолт Дисней сделал в родном городе первые наброски приключений лопоухого мышонка Микки Мауса. Получивший впоследствии два десятка «Оскаров», больше, чем кто-либо иной, великий мультипликатор скажет на открытии своего первого Диснейленда: «Я очень надеюсь, что мы никогда не забудем одного — всё начиналось с мышонка».

Персонажи Диснея не просто знамениты, но и более популярны, чем иные генералы и президенты. И здесь обе страны похожи: Америка, часто выбиравшая успешных военачальников в Белый дом, и Россия, во все времена уповавшая на «сильного правителя». Уолт Дисней без боязни создавал альтернативный мир, полный доброты и легкомыслия, беззаботной радости и смешных приключений для детей и взрослых. Интересно, что в фашистских Италии и Германии мультфильмы с Микки Маусом были запрещены: власти увидели в храбром мышонке вызов диктатуре.

Канзас именуют «городом фонтанов» (их около двухсот). Фасад Публичной библиотеки выполнен в виде длинной полки с книгами — авторов на восьмиметровых бетонных корешках выбирали местные читатели. Наконец, Канзас-Сити стал местом рождения «самого большого в мире», как говорят путеводители, Музея игрушек и миниатюр.

Город на двух реках считают второй, после Нового Орлеана, столицей джаза. Здесь играли Дюк Эллингтон, Диззи Гиллеспи, Каунт Бэйси, Чарли Паркер. Есть даже выражение: «В Нью-Орлеане джаз родился, а в Канзас-Сити он вырос». Авторы «Одноэтажной Америки», к слову, не одобряли увлечение джазом. В самих США джаз тоже был многим не по нраву. Генри Форд считал его «отупляющим». В редакторской колонке журнала «Нью-Йорк Америкэн» джаз был назван «патологической, действующей на нервы и пробуждающей половое влечение музыкой».

Как ныне объяснить поколению миллениалов, что запрещённый в СССР американский джаз жадно слушали по домам на старых рентгеновских снимках? Подпольная индустрия изготовления этих гибких пластинок так и называлась «Джаз на костях». Голоса Луи Армстронга и Эллы Фицджеральд прорывались через крутящиеся черно-белые тени советских грудных клеток, закрытых и открытых переломов.

В маленьких городках хлебородного Канзаса, где у дорог стоят вековые ильмы и яворы, а на горизонте — домовитые, наполненные элеваторы, присутствует сказочный дух. Здесь волнуются поля пшеницы и подсолнуха, красным ковром расстелен клевер прерий, здесь дуют ветры степей, метут снежные бураны и случаются торнадо. «Канзас» на языке индейского племени сиу означает «Великий ветер».

Один из таких ураганов стал известен детям всего мира, когда унёс в сказочную страну Оз домик девочки Дороти Гейл. В русском варианте это отважная Элли Смит из книги «Волшебник Изумрудного города».

Опубликованная в 1900 году притча Фрэнка Баума «Волшебник из страны Оз» представляла в лучших свифтовских традициях сатиру на современные политические порядки. Жёлтая дорога — символ вводимого золотого стандарта для доллара, Изумрудный город — цвет гринбеков — тогдашних купюр, глупый Страшила — простодушные американские фермеры, Железный дровосек, не имеющий сердца, — промышленные города, Трусливый лев — записные политиканы, злая колдунья — олицетворение корыстных интересов корпоративного бизнеса. Название страны Oz говорит о мере весов — унции, в которых измеряли золото, а сам Всемогущий волшебник и шарлатан — явная карикатура на 25-го президента США Уильяма Маккинли.

— А как же ты можешь разговаривать, если у тебя нет мозгов? — спросила Элли. — Не знаю, — ответил Страшила, — но те, у кого нет мозгов, очень любят разговаривать.

Эндрю Уайет. «Мир Кристины» (фрагмент), 1948

Звучит несколько анекдотично, но первым известным русским, добравшимся сюда, был четвёртый сын императора Александра II. Двадцатилетний великий князь Алексей был по сути «сослан» в кругосветное путешествие за морганатический брак с фрейлиной Александрой Жуковской (дочерью поэта). В 1872 году великий князь охотился на бизонов в прериях Канзаса и Небраски вместе с индейским вождём племени сиу по имени Крапчатый Хвост.

К слову, фермерская дочь Элли, мечтавшая вернуться в свой Канзас, вполне могла иметь российские корни. В последние десятилетия XIX века сюда шла широкая иммиграция, включавшая немалую долю немецких семей из Поволжья и сибирских крестьян-старообрядцев. Считается, что именно староверы сыграли значительную роль в распространении морозоустойчивых твёрдых сортов русской пшеницы как основной сельскохозяйственной культуры штата.

Нина Берберова, последняя в Америке представительница русского Серебряного века, в мемуарной книге «Курсив мой» отдала дань местным дорожным впечатлениям: «Шесть с половиной часов надо мной в Канзасе было небо, какого я никогда в жизни не видела: оно занимало всё видимое пространство, а земля была только корочкой, слабой поддержкой его, совершенно двухмерной плоскостью, не имевшей никакой толщины. По четырём углам этого огромного неба стояли гигантские облачные обезьяньи Лаокооны, упираясь в землю, встречаясь головами в центре небесного купола (а там, между ними, кувыркались толстенькие купидоны Буше); так стояли тициановские приматы-великаны и змеи, обвившие их в облачной борьбе».

Американский дорожный пейзаж неоднократно вызывал сравнения со знаменитыми полотнами Старого Света. Картины американской провинции глазами российского эмигранта или, скорее, образованного европейца,—виртуозный почерк Владимира Набокова, вновь напомнивший о перекличке русских цитат:

За обработанной равниной, за игрушечными кровлями медлила поволока никому ненужной красоты там, где

Эдвард Хоппер. «В дороге», 1930

садилось солнце в платиновом мареве, и тёплый оттенок, напоминавший очищенный персик, расходился по
верхнему краю плоского сизого облака, сливающегося
с далёкой романтической дымкой. Иногда рисовалась
на горизонте череда широко расставленных деревьев,
или знойный безветренный полдень мрел над засажен-
ной клевером пустыней, и облака Клода Лоррэна были
вписаны в отдалённейшую, туманнейшую лазурь, причём одна только их кучевая часть ясно вылеплялась на
неопределённом и как бы обморочном фоне. А не то на-
висал вдали суровый небосвод кисти Эль Греко, чрева-
тый чернильными ливнями, и виднелся мельком фермер
с затылком мумии, а за ним тянулись полоски ртутью
блестевшей воды между полосками резко-зелёной кукурузы, и всё это сочетание раскрывалось веером—где-то
в Канзасе.

ГОРОД СИНЕЙ ПТИЦЫ

Русские писатели-путешественники неодобрительно отозвались о Лас-Вегасе. Памятуя об историческом прошлом этих земель, они хотели увидеть «жгучие мексиканские взгляды, пейсы, закрученные, как у Кармен, на шафранных щёчках, бархатные штанишки тореадоров, навахи, гитары, бандерильи и тигриные страсти». Однако поздней осенью 1935 года здесь было пыльное захолустье в пять тысяч жителей.

Спустя десятилетия, вослед писателям, нет нужды нахваливать расцветшую столицу азартных игр, шоу-бизнеса и иных мирских наслаждений. Магия расчерченного зелёного сукна и рулетки, неоновые миражи крупнейшего города штата Невада безнадёжно обойдены мировой классической литературой.

Квинтэссенция жанра, роман Ф. М. Достоевского «Игрок», родился после безумных проигрышей писателя в Висбадене и Баден-Бадене. Под угрозой банкротства Достоевский был вынужден всего за 26 дней написать новый роман, посвящённый собственной пагубной страсти: «Как только я вошёл в игорную залу (в первый раз в жизни), я некоторое время ещё не решался играть. К тому же теснила толпа… Признаюсь, у меня стукало сердце, и я был не хладнокровен; я наверное знал… что-нибудь непременно произойдёт в моей судьбе радикальное и окончательное…»

Лас-Вегас, или, как его чаще называют, Вегас, трудно сравнивать со старой игорной столицей Европы Баден-Баденом. Но общее в истории двух городов всё-таки есть — это обильные подземные источники. На целебные баденские воды съезжалась родовая аристократия, а чистейшие артезианские скважины позволили возникнуть городу-оазису среди жаркой пустыни Невады (само название города в переводе с испанского означает «пойменные луга»).

В прошлом Лас-Вегас был одной из остановок на пути торговых караванов между Санта-Фе и Лос-Анджелесом, известном как «Старая испанская дорога». Где-то здесь в поисках своей птицы счастья пролегала караванная дорога шотландца Майн Рида, охотника, торговца и учителя, добровольца американской армии во время мексиканской войны, будущего автора «Квартеронки» и «Всадника без головы».

Через сто лет в Неваде среди первозданной, почти библейской каменистой пустыни Мохаве амбициозные потомки Каина выстроили некую пародию рая, куда сегодня устремляются десятки миллионов людей в погоне за страстными желаниями, где тайная надежда может воплотиться в реальность. «Над городом послышался скрип колеса фортуны»,—из «Записных книжек» Ильи Ильфа.

В Лас-Вегасе не кутила титулованная знать, богема и дорогие куртизанки, а первые казино были построены на очень грязные деньги. В город стекались привлечённые «вольными» законами штата члены преступных организаций, ирландской, итальянской и еврейской мафии. Первые приюты рулетки и покера на улице Фримонт и на Бульваре Лас-Вегас были отмечены провинциальной опереточной пышностью, очень схожей с бывшей гостиницей «Каир» из «Золотого телёнка». Но за бутафорской гипсово-пальмовой мишурой игорных домов стояли очень серьёзные и опасные люди, вроде Багси Сигала, лишённые сентиментальных черт Оси Бендера или Бени Крика.

Судя по городской исторической экспозиции, Вегас вовсе не стыдится собственного «тёмного» прошлого. Города, как и люди, родителей не выбирают. Лев Толстой, проиграв однажды в Баден-Бадене все наличные деньги, записал в дневнике: «В этом городе все негодяи, но самый большой из них— это я».

Под вечным солнцем «полынного штата», среди никогда не спящего семимильного Бульвара Лас-Вегас, или, как его зовут, Стрип («Полоска»), возникает неоновый лик счастья.

Лас-Вегас

Миражи «лёгких денег», немеркнущий свет, карнавальная атмосфера утех — современная реинкарнация Рулетенбурга, вымышленного города в романе «Игрок».

Колесо с катящимся шариком-искусителем по Достоевскому олицетворяет весь западный мир с его вечной погоней за материальным успехом и ложными идеалами. Но деятельная душа «великого комбинатора» Остапа Бендера, возможно, здесь бы возрадовалась:

> Счастье никого не поджидает. Оно бродит по стране в длинных белых одеждах, распевая детскую песенку: «Ах, Америка — это страна, там гуляют и пьют без закуски». Но эту наивную детку надо ловить, ей нужно понравиться, за ней нужно ухаживать.

Одно из прозвищ Невады «штат серебра» возникло благодаря двум братьям Грошам, сыновьям священника. Летом 1857 года им удалось открыть первое в США большое месторождение благородного металла. Младший из братьев-старателей, Аллен, случайно поранил ногу киркой. Ближайший лекарь находился в сотне миль от их хижины, быстро добраться туда было невозможно, и больной умер от столбняка. Старший из Грошей решил дойти до Калифорнии, чтобы заявить свои права на рудник. В горах Сьерра-Невада его засыпал четырехдневный буран, оставивший искателя удачи без еды и воды. Грош выжил, но отморозил обе ноги. Местный житель предложил провести ампутацию охваченных гангреной ступнёй при помощи охотничьего ножа. Несостоявшийся миллионер не решился доверить себя доморощенному хирургу и скончался через пять месяцев после смерти брата.

Неваду осваивали не с востока, как большинство «глубинных» штатов, но с запада. Старая калифорнийская тропа (ныне Национальная дорога №40), по которой с берегов Тихого океана хлынули на обнаруженные прииски «новые аргонавты», оставил после себя городки вроде Вирджиния-Сити или Рино. Первый из них сегодня служит живой декорацией Дикого Запада. В годы расцвета здесь были пять пивоварен, сто салунов и «лучший на Западе канкан». В местной газете в февра-

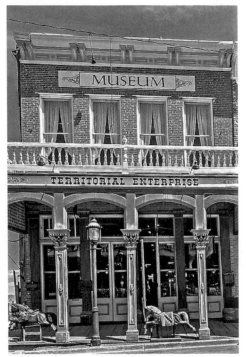

Вирджиния-Сити. Здание редакции, в которой работал Марк Твен.

ле 1863 года появился рассказ бывшего лоцмана и старателя, впервые подписанный псевдонимом Марк Твен. В те времена городок ещё не обзавёлся таким важным атрибутом цивилизации, как тюрьма, поэтому шериф приковывал арестованных цепью к печатному станку старейшей газеты Невады.

У любого жителя Вирджиния-Сити был свой застолбленный верный участок в окрестностях, имевший бойкое название — «Султанша», «Серый орёл», «Умри, но добудь» — и суливший сказочные богатства в скором будущем. «...В игорных домах, среди табачного дыма и ругани, теснились бородатые личности всех мастей и национальностей, а на их столах возвышались кучи золотого песка, которого хватило бы на бюджет какого-нибудь немецкого княжества, — вспоминал репортёр Марк Твен. — Люди плясали и ссорились, стреляли и резали друг друга, каждый день к завтраку газеты сервировали своим читателям свежий труп, убийство и дознание, — словом, здесь было всё, что украшает жизнь, что придаёт ей остроту, все признаки, все непременные спутники процветающего, преуспевающего и многообещающего молодого города...»

Жители новоиспечённой территории Невада не хотели статуса штата, полагая, что это повлечёт за собой увеличение налогов. Президент США в годы Гражданской войны Авраам Линкольн нуждался в поддержке со стороны нового штата:

голосов двух сенаторов и одного конгрессмена. Поэтому президент быстро подвёл итог юридической дискуссии: «Три голоса или ввод войск». Билль, по которому самый безлюдный в стране штат Невада вошёл в Союз, был подписан Линкольном в октябре 1864 года, за неделю до президентских выборов. Острые на язык местные жители окрестили себя «штатом, рождённым от баталий».

Говоря о «младых годах» Невады, в первую очередь приходит на ум либеральное отношение к азартным играм и круглосуточная торговля спиртным, легализация древнейшей из профессий, лёгкость оформления и расторжения уз Гименея. Так к университетскому и горнолыжному городу Рино (Reno) накрепко прилипла сомнительная слава «американской столицы разводов». И мало кто вспоминает о целом ряде прогрессивных для своего времени законов штата: о референдумах, отзыве депутатов, о предоставлении избирательного права женщинам. К слову, образ надежды и удачи, «синяя птица», здесь действительно обитает. Это маленькая, живущая в отрогах Сьерра-Невады певчая птичка с необыкновенно ярким голубым оперением, ставшая одним из официальных символов штата.

Сноровистые адвокаты Рино внесли реформаторский дух в средневековый юридический канон divortium a mensa et thoro («отчуждение от постели и стола»). В 1900 году английский аристократ герцог Джон Рассел, внук премьер-министра Великобритании и старший брат философа Бертрана Рассела, получил в Рино желанный развод. Не покидая Невады, он тут же вступил в новый брак и возвратился на родину со второй женой. Оскорблённая бывшая супруга, дочь шотландских баронетов, обратилась с петицией в палату лордов. Суд пэров, не признавая «махинаций Рино», объявил герцога двоеженцем и засадил в лондонский Тауэр.

Для жителей США большей рекламой Рино оказался шумный развод в 1920 году королевы немого кино Мэри Пикфорд. Менее чем через месяц свободная актриса вышла замуж за самого известного красавца Голливуда Дугласа Фэрбенкса (в России в честь звёздного актёра многие, например, режиссёр Григорий Александров, называли сыновей Дугласами).

«Американский Байкал» — озеро Тахо, разделяющее
Неваду и Калифорнию.

Впрочем, сомнительные обстоятельства скоротечного развода и второго брака обоих «молодожёнов» ещё три года разбирался Верховным судом штата.

Как писал историк Дэниел Бурстин, «вся история Невады была не чем иным, как одной долгой азартной игрой». Новый Рулетенбург, мекка игорного бизнеса, пристанище профессиональных игроков и рыцарей госпожи удачи, тигриные страсти «Города Греха» — всего этого не смогли увидеть советские сатирики: «В Лас-Вегасе мы останавливались ровно столько времени, сколько понадобилось для того, чтобы съесть в аптеке „брекфаст намбр три" и, развернувшись возле сквера, где росли столбы электрического освещения, ринуться вон из города».

В рассказе О. Генри «Грошовый поклонник» упоминается первый в истории американский «Вегас»: огромный парк развлечений в Нью-Йорке в районе Кони-Айленд, где в начале XX века выстроили бутафорские «парижские» замки и катали в венецианских гондолах. Простой нью-йоркской продавщице Мэйси сделал предложение богатый человек:

> «Мы забудем о всяких делах и работе, и жизнь станет для нас нескончаемым праздником… Я увезу вас в город, где множество великолепных старинных дворцов и башен и повсюду изумительные картины и статуи. Там вместо улиц каналы, люди разъезжают…». Девушка перебила его: «Знаю, в гондолах». А утром сказала подруге: «Я дала ему отставку… Он предложил мне выйти за него замуж и, вместо свадебного путешествия, прокатиться с ним на Кони-Айленд».

Сегодняшние владельцы казино в Лас-Вегасе стараются придать двухмиллионному мегаполису респектабельный облик. Отчаянно конкурирующие друг с другом хозяева гигантских «дворцов фортуны» платят баснословные гонорары за выступления звёзд кино и эстрады. Ни одна американская знаменитость — от Френка Синатры и Элвиса Пресли до Майкла Джексона и Мадонны — не пропустила выступле-

Ильф (справа) и Петров

ния на Стрипе. Лучшие в мире музыкальные шоу и цирковые представления, престижные выставки, а также охотно проводимые здесь профессиональные симпозиумы и конференции постепенно меняют приклеившийся к Вегасу ярлык города-китча.

«Чего только не вообразит москвич в морозный декабрьский вечерок, услышав за чаем речи о ярких дрожащих огнях города Лас-Вегас!» — иронизировали первые русские путешественники в Неваде. В конечном итоге, мистическую и порочную ауру Лас-Вегаса воспела не великая американская литература, но американский кинематограф. Благодаря всепроникающей голливудской «фабрике грёз» никогда не бывавший в гламурных отелях-казино бульвара Стрип может живо себе их представить. К слову, роман Фёдора Михайловича Достоевского «Игрок» в Соединённых Штатах экранизировали четырежды. Больше, чем на родине.

ГАЛОПОМ ЧЕРЕЗ ГЭЛЛАП

Несколько подуставшие от необъятных просторов американского континента, Ильф и Петров с накопившимся раздражением проезжали очередной город Галлоп «во всём блеске его газолиновых колонок, аптек, пустых тротуаров и забитых автомобилями мостовых». Так в пути родилась метафора маленького американского города.

Тысячи подобных городков — идентичные близнецы матери-Америки. Узнаваема и Main Street каждого из них — церковь, банк, пара кафе-ресторанов, несколько магазинчиков, пожарная станция… Мейн-стрит заканчивается быстро, через несколько кварталов. У Ильфа и Петрова, как и у многочисленных российских писателей и журналистов, пытавшихся повторить их травелог, романа с маленьким американским городом не случилось. Не было материала для романа.

> Добрый город Галлоп! Его не интересуют события в Европе, Азии и Африке. Даже американскими делами город Галлоп не слишком-то озабочен. Он гордится тем, что со своими шестью тысячами жителей имеет горячую и холодную воду, ванны, души, рефрижераторы и туалетную бумагу в уборных, — имеет тот же комфорт, что Канзас-Сити или Чикаго.

Нигде ильфопетровская фельетонная инвектива не выглядела столь едкой, даже в отношении российской глубинки, где ещё долго не было ни ванн с горячей водой, ни детского питания, ни надёжных в межсезонье дорог.

Но что представляет из себя тот самый Галлоп, породивший столь яркий образ? Он произносится как «Гэллап»

На въезде в город

(Gallup) и расположен на северо-западе штата Нью-Мексико у старой автострады номер 66. Дорогу мы отметили специально, ибо первая в США трансконтинентальная трасса стала фольклором. «Мать дорог», как назвал её Джон Стейнбек в «Гроздях гнева», пересекает по диагонали добрых две трети страны и присутствует в книгах и фильмах, стихах и песнях. В одной из самых знаменитых американских баллад «Route 66» есть упоминание и о Гэллапе.

Город был основан в 1881 году как станция пришедшей сюда железной дороги, и назван в честь Дэвида Гэллапа, главного почтмейстера этой дороги. Город, таким образом, стал символом американского пути, частью героической саги открытия и освоения гигантского континента.

Синклер Льюис в «Главной улице» писал: «Восток помнил время, когда ещё не было поездов, и не питал к ним благоговения. Но здесь железные дороги были до начала времён. Города намечались среди голой прерии, как подходящие пункты для будущих полустанков. И у тех, кто заранее знал, где возникнут новые города, была реальная возможность сорвать крупный куш и основать аристократическую династию… Рельсы были извечной истиной, а правление железной дороги — всемогущей силой. Самый маленький мальчуган и самая древняя старуха могли сообщить вам, что у поезда номер тридцать два в прошлый вторник загорелась букса или что к номеру семь прицепят лишний пассажирский вагон. Имя председателя правления дороги упоминалось за любым обеденным столом».

В окрестностях Гэллапа нашли и начали добывать уголь, а загорелые ковбои развили мясное животноводство. По облику типичный маленький город американского Запада, Гэллап отличает одна особенность. Вокруг него расположены индейские резервации племён навахо, зуни, хопи и акома, поэтому жизнь горожан приобрела иной уклад. Здесь развита инфраструктура туризма, в центре множество магазинчиков с образцами декоративно-прикладного искусства коренных народов, а ежегодно в августе в окрестностях Гэллапа происходит таинство Пау-Вау — фестиваль трёх десятков древних племён.

Индейская тематика двести лет присутствует и в русской литературе. Пушкин в статье «Джон Теннер» (1836) предсказывал неизбежную колонизацию североамериканского континента: «...так или иначе, чрез меч и огонь, или от рома и ябеды, или средствами более нравственными, но дикость должна исчезнуть при приближении цивилизации. Таков неизбежный закон. Остатки древних обитателей Америки скоро совершенно истребятся; и пространные степи, необозримые реки, на которых сетьми и стрелами добывали они себе пищу, обратятся в обработанные поля, усеянные деревнями, и в торговые гавани, где задымятся пироскафы (пароходы — Л. С.) и разовьётся флаг американский».

Интересное дополнение пушкинской мысли можно обнаружить у другого поэта сто лет спустя. Побывав в Нью-Йорке, который он прозвал «Железным Миргородом», Сергей Есенин написал: «Но и всё же, если взглянуть на ту беспощадную мощь железобетона, на повисший между двумя городами Бруклинский мост, высота которого над землёй равняется высоте 20-этажных домов, всё же никому не будет жаль, что дикий Гайавата уже не охотится здесь за оленем».

Ильф и Петров также не смогли обойти тему конфликта цивилизаций:

> ...к вигваму подъехал старинный заржавленный автомобиль... и из него вышел отец семейства.

— *How do you do, sir,* — сказал мистер Адамс, затевая разговор.

Индеец… не хотел разговаривать с белыми людьми. Проходя к своему вигваму с охапкой сухого бурьяна, он даже не посмотрел в нашу сторону. Мы интересовали его не больше, чем пыль пустыни. Его величественной походке и непроницаемости его лица мог бы позавидовать старый английский дипломат.

Гэллап, «индейская столица» Америки, живёт размеренной жизнью. Здесь находится управление федерального бюро по делам навахо, крупнейшего из племён в США. Ещё более известен старый отель «Эль Ранчо», где снималась не одна американская ковбойская лента. Исторический Дикий Запад пересыщен яркими зрительными образами — прерии, каньоны, лавины бизоньих стад, одинокий полёт орла над каменистой пустыней, караваны фургонов — и наполнен цветистыми персонажами: индейцы, трапперы, золотоискатели, бандиты, шерифы… Вестерн как жанр литературы и кинематографа был обречён на успех во всех уголках мира.

Богатый и вздорный латифундист, державший под контролем всю округу, задумал захватить земли честного и принципиального небогатого соседа. Зло поначалу торжествует, но вернувшийся издалека сын-офицер решает мстить за скончавшегося от горя отца. Под видом учителя он устраивается в дом к обидчику. Возникает но-

Отель «Эль Ранчо»

136

вая сюжетная линия — вспыхнувшие взаимные чувства мстителя и красавицы-дочери хозяина поместья. Читатель помнит подробности: схватка с голодным медведем, шайка разбойников, наводящая ужас на округу, тайное свидание в ночном саду, перехваченное послание, человек в полумаске, останавливающий карету с героиней… Пушкинский «вестерн» в эпоху немого кино был экранизирован Голливудом, в роли Дубровского снялся идол мужской красоты Рудольф Валентино, а фильм «The Eagle» вошёл в анналы синематографа благодаря впервые использованным проходам движущейся камеры.

Фантастические панорамы в окрестностях Гэллапа служили идеальной натурой кинематографистам, которые, в свою очередь, создавали известную всему свету мифологию.

> Терракотовый пейзаж, краснолицые, голубоглазые ковбои, чопорная, но прехорошенькая учительница, только что прибывшая в Гремучее Ущелье, конь, вставший на дыбы, стихийная паника скота, ствол револьвера, пробивающий со звоном оконное стекло, невероятная кулачная драка, — во время которой грохается гора пыльной старомодной мебели, столы употребляются, как оружие, сальто спасает героя, рука злодея, прижатая героем к земле, всё ещё старается нащупать обронённый охотничий нож…

Так лихо описывал типичный вестерн Владимир Набоков в «Лолите».

Туристы в Гэллапе активно покупают гончарные и ткацкие изделия аборигенов, амулеты из местного камня, «магические» раскрашенные куклы в виде духов предков (испанские колонизаторы называли их качинами), которые традиционно дарят девочкам. Столь же популярны окарины, глиняные предки флейты, существовавшие ещё у архаических цивилизаций Мезоамерики. Их голос, характерную минорную пентатонику услышала Анна Ахматова:

> Потускнел на небе синий лак,
> И слышнее песня окарины.

Это только дудочка из глины,
Не на что ей жаловаться так.

Доколумбовая индейская культура постепенно стала в Америке предметом пристального изучения, объектом моды, альтернативной философией. В честь знаменитой Айрис Нампейо, родоначальницы одной из династий художников-керамистов, назван кратер на Меркурии.

«Ну и заехали! Попадаем в такие места, где, безусловно, не ступала нога советского человека. Индейцы, с которыми мы говорили, не знают о существовании Европы и океанов. Смутно слышали про Нью-Йорк»,—из письма Е. Петрова жене.

На «лоскутной карте» страны есть только одно место, где сходятся границы четырёх штатов: Нью-Мексико, Колорадо, Аризоны и Юты. Границы каждого из них образуют прямой угол, поэтому примечательная точка носит название «Четыре угла» (Four Corners). Жизнерадостные туристы, фотогенично раскинув руки и ноги, могут одновременно находиться во всех четырёх штатах.

Фор-Корнерс—не просто видимая координата среди скал и пустынь, но американская «ось древностей». В небольшом радиусе вокруг расположены самые мистические и интригующие археологические тайны страны: большие каньоны Чако, Меса-Верде, Шелли с руинами древних поселений. Здесь антропологи и археологи давно пытаются отыскать оставшуюся в легендах прародину древних народов Мезоамерики.

Считается, что индейская цивилизация анасази (на языке навахо—«предки») начала возводить свои города около 700 года н.э., за столетие до провозглашения в Европе Карла Великого императором и за триста лет до того, как первые викинги высадились в Америке. Их постройки были многоэтажными, подобные пчелиным сотам, рассчитанные на сотни семей. Строительство из глиняных блоков велось до высоты в семь этажей. Как подметил историк Курт Керам, белые американцы впервые построили семиэтажный жилой дом лишь в 1869 году в Нью-Йорке.

Меса-Верде

Из культового комплекса Чако исходят загадочные серии прямых линий, которые простираются на много миль в пустыню. Исследователи предполагают, что эти линии — маркировки для путешествия духа вне тела древних шаманов. Недаром К. Бальмонт описывал американский Запад как «одну из самых загадочных и прекрасных сказок».

Каждый год 14 августа в Гэллапе отмечают «Национальный день радистов навахо». Во время Второй мировой войны индейцев из племени навахо призвали в качестве кодировщиков радиосообщений. Умелые японские дешифровальщики взламывали любые американские морские коды. Замысловатый же язык аборигенов оказался не по зубам криптографам «империи Ниппон». Сами радисты навахо называли себя «говорящие с ветром». Шифровальщиков с особой тщательностью охраняли, за безопасность каждого из них отвечал приставленный офицер.

Многие военные термины, с которыми радистам из Гэллапа приходилось работать, не имели эквивалента в языке племени, поэтому при разработке шифра были созданы около 450 оригинальных обозначений, отсутствовавших в языке индейцев. Так, «беш-ло» (железная рыба) обозначало подводную

В окрестностях Гэллапа

лодку, а «дибе-ли-зини» (чёрные овцы) — взвод. После войны двадцать девять радистов навахо наградили Золотой медалью Конгресса США.

Покинув маленький город Гэллап, Ильф и Петров оставили позади себя самую большую индейскую резервацию на территории США: «В последний раз мы смотрели на пустыню наваго, удивляясь тому, как в центре Соединённых Штатов, между Нью-Йорком и Лос-Анджелосом, между Чикаго и Нью-Орлеаном, окружённые со всех сторон электростанциями, нефтяными вышками, железными дорогами, миллионами автомобилей, тысячами банков, бирж и церквей… — умудрились люди сохранить в полной неприкосновенности свой уклад жизни».

ГОРОД ТУМАНОВ

Калифорния отмечена жизнерадостной игрой красок, что обусловлено океаном, климатом и рельефом, а также необычной для США культурной амальгамой: здесь вошли в соприкосновение северная, прагматичная культура англосаксов с южным, романским образом жизни. Поэтому незатейливому пуританскому городку Галлопу — ильфопетровскому символу одноэтажной Америки — писатели предпочитают «Галлоп с пальмами».

> Мы ехали по дороге, не только удобной и красивой, но и какой-то щеголеватой. Всё вокруг казалось щеголеватым — и светлые домики, и пальмы, листья которых блестели так, как будто их только что выкрасили эмалевой зелёной краской, и небо, вид которого ясно показывал, что дожидаться появления на нём облаков безнадёжное дело. Только океан гремел и бесновался, как неблаговоспитанный родственник на именинах в порядочном семействе.

Автор рыцарских романов Гарси де Монтальво в начале XVI века придумал Калифорнию — остров в океане, «очень близкий к земному раю», где полно золота. Самый яркий случай приложения книжного слова: вдохновлённые иберийским эпосом конкистадоры поплывут на запад за золотом и нарекут литературным именем тихоокеанское побережье Северной Америки.

В отношении драгоценного металла де Монтальво оказался пророком, а калифорнийскую «золотую лихорадку» 1848 года введут в литературу Брет Гарт и Блез Сандрар, Фридрих Герштеккер и Стефан Цвейг. Марк Твен писал об американском Западе:

> Страна эта сказочно богата золотом, серебром, медью, свинцом, железом, ртутью, ворами, убийцами, бандитами, дамами, детьми, адвокатами, христианами, индейцами, китайцами, испанцами…

Лучший из аттракционов «Американские горки» тоже находится здесь. В отличие от большинства геометрически расчерченных на кварталы американских городов (вот уж романтика: назначить свидание на углу Второй улицы и Третьей авеню!), раскованный Сан-Франциско, с его перепадами высот, морскими панорамами, уклонами и зигзагами, словно бросает вызов скучной логике целесообразности.

> Сан-Франциско—из тех городов, которые начинают нравиться с первой же минуты и с каждым днём нравятся всё больше.

Столь искренняя симпатия авторов к городу и порту Дальнего Запада, возможно, лежит в визуальных ассоциациях с южными приморскими городами, с их родной Одессой, «русской Марсели». Неслучайно Ильф и Петров утверждают, что Сан-Франциско одновременно похож на многие портовые города мира. Здесь даже есть собственный Привоз, о чём написал гурман Пётр Вайль:

> В Сан-Франциско (и ещё только в Нью-Орлеане и Нью-Йорке) знают толк в еде. Да и как не знать, если в этих водах ловят вкуснейших в мире крабов, белого осетра, чинукского лосося. В Сан-Франциско нет зрелища живописнее, чем рассветный оптовый рынок на Джефферсон-стрит, и нет соблазнительнее, чем Рыбачья набережная с десятками ресторанов.

Фриско, как называют его местные жители,—город иллюзорных морских далей и туманов, по замечанию Ильфа, «очень лёгких и светлых». Поэт Карл Сэндберг, чьи верлибры охотно цитировал Маяковский, создал не менее запоминающийся образ: «Туман крадётся на кошачьих лапках, комком пушистым он садится, глядя на мосты, на город».

В жизни Сан-Франциско туман обыденное и немаловажное событие. Историки всерьёз утверждают, что именно белесая завеса была причиной того, что открытие Сан-Францисской бухты запоздало на двести лет, поскольку «королевский пират» сэр Фрэнсис Дрейк, плававший у берегов Калифорнии в конце XVI века, не обнаружил Золотых ворот, скрытых в то время туманом.

Корсары ушли, а романтика города осталась, о чём слагал стихи Ф. Брет Гарт:

> Ты, безразличен, тих и горд,
> Стоишь у Западных Ворот,
> Где ветры мнут морской покров.
> О сторож двух материков!
> За всем, что есть на лоне вод,
> Следишь у Западных Ворот.

Испанцы на территории Калифорнии основывали три типа поселений—миссии, президио и пуэбло, которые впоследствии имели различное влияние на становление современных городов. Президио назывались военные форты, где размещались гарнизоны колониальных войск. Для них выбирали стратегически важные точки, учитывавшие выгодность определённых географических условий. Город Сан-Франциско вырос на месте бывшего испанского президио Йерба Буэна. Именно в нём в 1806 году разворачивалась романтическая история камергера русского императорского двора Николая Резанова и юной дочери коменданта президио Кончиты, ставшая сюжетом для поэм Брет Гарта и А. Вознесенского, а также популярного московского мюзикла «Юнона и Авось».

Сан-францисская бухта отделена от океана двумя полуостровами, которые выступают с северной и южной стороны бухты и оканчиваются высокими мысами, образующими выход в океан. Это и есть Золотые ворота. Северный полуостров скалист и покрыт дикими лесами. Сан-Франциско лежит на южном полуострове, лицом к бухте.

Смешение «двунадесяти языков» здесь ощущается особо. Есть деловая и типичная для американских мегаполисов Монтгомери-стрит, финансовый центр всего тихоокеанского побережья. Есть Грант-авеню—центральная улица самого

Телеграфный холм

большого в Америке «Китай-города», где иероглифы преобладают над письменностью бриттов в витринах магазинов и лавок, а изыски кантонской и сычуаньской кухни соперничают с таинствами восточных эскулапов. Товары, которые во времена Ильфа и Петрова были американскими подделками под азиатские, теперь подлинные, ибо всё что ни делается — делается в Китае.

«С высокого Телеграфного холма открывается прекрасный вид на город и бухту. Тут устроена широкая площадка с белой каменной балюстрадой, уставленной вазами». Другой холм, Русский, тоже относится к числу главных достопримечательностей Сан-Франциско. Память о славянских первопроходцах прекрасно дополняет элегическую панораму. С холма круто сбегает вниз знаменитая улица-змейка Ломбард-стрит, засаженная пышными кустами гортензий, самая искривлённая в мире, самая красивая в городе.

Парк Золотые ворота — душа города, квинтэссенция космополитизма. Здесь оканчивается Дальний Запад, встречаясь с Востоком — философия мира реализуется через переплетения пейзажей, от классических лужаек в традициях Туманного Альбиона до цветущих садов Поднебесной и Страны микадо.

Кабельный трамвай в Сан-Франциско, соединяющий холмы, аборигенов и туристов, является единственным в Соединённых Штатах национальным памятником, который не стоит, а движется. Ровесник конки, пущенный в 1873 году, деревянный трамвайчик по сути является фуникулёром. На конечной станции Маркет-стрит пассажиры выходят и сами разворачивают вагон в обратную сторону.

«К завоеваниям города следует отнести то, что главная его улица называется не Мейн-стрит, и не Стейт-стрит, и не Бродвей, а просто Маркет-стрит — Базарная улица. Мы тщетно искали „Ап-таун“ и „Даун-таун“. Нет! В Сан-Франциско не было Верхнего города и Нижнего города. Или, вернее, их было слишком много, несколько сот верхних и нижних частей. Вероятно, житель Фриско, как его приятельски называют моряки всего мира, на нас обидится, скажет, что Сан-Франциско не хуже Нью-Йорка и Галлопа и что он, житель Фриско, отлич-

Ломбард-стрит

но знает, где у него ап-таун и где даун-таун, где делают бизнес и где отдыхают после этого бизнеса в кругу семьи, что зря мы хотим возвести на Сан-Франциско напраслину и вырвать его из родной семьи остальных американских городов. Возможно, что это и так. На наш иностранный взгляд, Сан-Франциско больше похож на европейский город, чем на американский».

146

Литературная слава Сан-Франциско началась с двух британских гениев. Самые «невикторианские» из столпов английской словесности, Редьярд Киплинг и Роберт Льюис Стивенсон, отметились отменными описаниями тихоокеанской столицы.

У великих британцев должен был появился местный ученик, калифорнийский пассионарий. На эту роль претендовали несколько кандидатов. В 1890 году порог редакции одного из сан-франциских журналов переступил невысокий крепыш с выбитыми передними зубами. Джон Гриффит Лэндон, известный российским читателям под именем Джека Лондона, родился в Окленде, по соседству с Сан-Франциско. История его короткой жизни опишет очень длинный круг: в Окленд впоследствии перевезут бревенчатую хижину писателя времён «золотой лихорадки» на Клондайке.

Джек, незаконнорождённый сын бродячего астролога и богобоязненной учительницы музыки — типичный сюжет старой Калифорнии. Сан-Франциско открывался юноше с чёрного хода: мелкий контрабандист, «устричный пират», рабочий в прачечной и на консервной фабрике, недоучившийся студент. Волнующие строки Роберта Стивенсона позовут Лондона в плавание на небольшой шхуне в «Южные моря», а томик Киплинга отправится с ним на Аляску.

В рассказах Джека Лондона встречаются самые колоритные персонажи, населявшие тогдашний Сан-Франциско: золотоискатели разнообразного происхождения и просоленные «бродяги океанов», заезжие анархисты и местные социалисты — все те, кого он любил, кто создавал необходимую ему суть жизни, смысл его борьбы. В рассказах из его первого сборника «Сын волка» Лондон представил и тех, кого не любил: «клубных юношей, знатоков ночной жизни большого города», тех, кто был взращён на «тщательно процеженном и подслащённом молочке жизненных иллюзий».

На взгляды писателя повлияло знакомство в Сан-Франциско с социалисткой Анной Струнской, как писал Лондон, «еврейкой из России, и, кстати сказать, гениальной». На суд Струнской он отдавал все свои произведения, затем Джек и Анна выпустили совместную книгу «Переписка» под двумя псевдонимами. Надо сказать, что у Лондона сложился роман с рус-

Мост Золотые Ворота

скими читателями: его издавали миллионными тиражами. В 1905 году был опубликован первый перевод рассказа «Зов предков», а через десять лет в Москве вышло собрание Лондона в 22 томах.

Во время русско-японской войны корреспондент Джек Лондон был арестован и отправлен в тюрьму японскими властями как русский шпион. Социалистом же Лондон был весьма своеобразным: величайший индивидуалист, вечный скиталец, «морячок из Фриско», волк-одиночка в своей борьбе за справедливость. Посетив Нью-Йорк, наполненный литераторами и политиками всех мастей, он признался, что в этом городе

148

испытывает желание перерезать себе глотку. Джек мог жить только на сквозном ветру. Даже последний в его жизни дом к северу от Сан-Франциско носит имя «Логово волка».

«Город на падающих склонах»,— отметил Ильф в письме жене. «Весёлый белый город, спускающийся к заливу амфитеатром», «чудесная приморская смесь Неаполя и Шанхая», «лёгкий аромат водорослей, устриц, юности и счастья» — образы Сан-Франциско в «Одноэтажной Америке». Авторам даже не захотелось в очередной раз бичевать контрасты капиталистического города.

Как отметил биограф Лондона Ирвинг Стоун, «к весне 1913 года он стал самым знаменитым и высокооплачиваемым писателем в мире, заняв место, принадлежавшее, Киплингу на заре столетия». Скоропостижная кончина калифорнийца в ноябре 1916 года привлекла больше внимания европейской прессы, чем смерть австрийского императора Франца-Иосифа, скончавшегося накануне.

«До сих пор рассказы в основном рассчитывались на интеллигентных старых дев,— писал Ирвинг Стоун.— Рассказы Джека предназначались для всех слоёв американского общества, кроме интеллигентных старых дев, а последние зачитывались ими со спущенными шторами и запертыми дверьми. Кроме всего прочего, в произведениях Лондона художественная форма впервые соединялась с научными взглядами двадцатого века — вот откуда появилась в ней жизненная сила и энергия, сродни той, с которой американцы покоряли континент и возводили гигантское здание своей индустрии».

Когда молодой Джек Лондон закладывал пальто и велосипед, чтобы оплатить взятую напрокат пишущую машинку, двенадцатилетняя Анжела Айседора Дункан начала выступать на подмостках родного Окленда и Сан-Франциско. Босоногая пассионария мечтала об особом танце-фантазии, как «символе молодой Америки, спускающейся в вихре танца с вершин Скалистых гор». Очередной вихрь приведёт Айседору в революционную Россию, бросит в объятия златокудрого рязанского поэта и в этой короткой безъязыкой любви будет московский медовый месяц, искушение Парижем и драматический вояж за океан. Говорившие между собой языком жестов, они быстро расстанутся, а жестокая судьба затянет удавку на горле этих мятущихся талантов.

Явившись в этот мир незаконнорождённым, бродяга Лондон покончил жизнь самоубийством. Другая версия его смерти — передозировка морфием — в конечном итоге вариант медленного убийства самого себя. Джеку Лондону было отпущено всего сорок лет. На год больше, чем Илье Ильфу и Евгению Петрову.

По ту сторону океана, в Магаданской области есть озеро Джека Лондона, которое считается одним из самых красивых на Дальнем Востоке. Своё необычное название ледниковый Джек Лондон получил после того, как геологи-первопроходцы, обнаружившие в 1930-х годах затерянное в горах озеро, к своему удивлению нашли на его берегу книгу писателя «Мартин Иден», оставленную там загадочным библиофилом. Трудно после этого не уверовать в таинства реинкарнации.

Сан-Франциско — всегда приключение, географическое, художественное или литературное. Поэтому столь остро желание снова вернуться сюда, за туманом, мечтами или вдохновением. Так рождаются трогательные слова прощания в «Одноэтажной Америке»:

> Полные сожаления, мы в последний раз проезжали по живописным горбатым улицам Сан-Франциско. Вот в этом маленьком сквере мы могли посидеть на скамеечке и не посидели, по этой шумной улице мы могли бы гулять, но не были на ней ни разу, вот в этом китайском ресторанчике могли бы расчудесно позавтракать, но почему-то не позавтракали. А притоны, притоны! Ведь мы забыли самое главное — знаменитые притоны старого Фриско, где шкиперы разбивают друг другу головы толстыми бутылками от рома, где малайцы отплясывают с белыми девушками, где дуреют от опиума тихие китайцы. Ах, забыли, забыли! И уже ничего нельзя поделать, надо ехать!

«СВЯТАЯ РОЩА»

«**...В**округ Лос-Анжелеса много городов, всё это сливается вместе, и разобраться довольно трудно, где кончается один город, где начинается другой. Один человек здесь сказал мне, что это вообще „двенадцать предместий в поисках города", потому что и сам Лос-Анжелес похож на предместье»,— из письма Ильфа жене 22 декабря 1935 года.

Второй по числу жителей и первый по площади мегаполис Соединённых Штатов оказался на обочине американского повествования русских литераторов. Одному же из его предместий, Голливуду, Илья Ильф и Евгений Петров посвятили гораздо больше строк как в самой книге, так и в письмах родным. Объяснить калифорнийскую аберрацию семьдесят лет спустя попытался Пётр Вайль в книге «Гений места»: «Этот диковинный город менялся с кинобыстротой—больше, чем любой другой на земле. Ещё в середине 80-х Лос-Анджелес дразнили: тридцать пригородов в поисках центра. Но шутка устарела уже в середине 90-х: нынешний небоскрёбный центр эффектнее большинства даунтаунов Америки. Другое дело, это всё равно не город, а что-то вроде страны с населением Голландии; город, где народу больше, чем в любом штате США, кроме самой Калифорнии, Нью-Йорка и Техаса. Понятно, почему нормальный тамошний обитатель не скажет, что живёт в Лос-Анджелесе, а назовёт свой район-городок: Санта-Монику, Шерман-Оукс, Лонг-Бич, Голливуд».

Заложенная францисканскими миссионерами в сентябре 1781 года «миссия Лос Анхелес» носила велеречивое название—*El Pueblo de Nuestra Señora la Reina de los Ángeles sobre El Río Porciúncula* (Селение Богоматери Царицы Ангелов на реке

Порсьюнкула). Основанный по схожему поводу русский Архангельск, к слову, звучит куда лапидарнее.

Официальный статус города Лос-Анджелес получил, только став частью Соединённых Штатов. Инаугурация произошла 4 апреля 1850 года, но и тогда он мало походил на город. Здесь проживало менее тысячи испано-мексиканских лосанджелогородцев, не очень представлявших, где находится Вашингтон с его законодателями и новым отцом-президентом. В самом Вашингтоне в свою очередь имели весьма смутные представления о новоприобретённых землях.

Название местности Hollywood дало вечнозелёное дерево падуб остролистный, известное в человеческой культуре со времён кельтов. Римляне посвящали растение богу земледелия Сатурну, украшали веточками его изображения и приносили в дар друг другу как символ удачи. В христианской символике колючие листья падуба выражают страдания, а красные ягоды—кровь, он является символом вечной жизни и возрождения. Отсюда традиционные рождественские венки из остролиста на дверях домов. Североамериканские индейцы издавна использовали содержащие алкалоиды ягоды «святого» падуба в лечебных и ритуальных целях.

Посёлок Голливуд был присоединён к Лос-Анджелесу в 1911 году в обмен на регулярные поставки питьевой воды. В тот же год здесь, в придорожной таверне, обосновалась первая профессиональная киностудия. Пионеры нового искусства переезжали сюда по нескольким причинам: круглогодичное кинематографическое солнце, уход от налогов (кинотрест Эдисона в Нью-Джерси стремился запатентовать всё—от киноаппаратов до проявочной технологии) и бегство от жёсткой пуританской цензуры.

Американский кинематограф родился одновременно с французским: братья Люмьер и Томас Алва Эдисон. Ревнивый спор о первенстве и взаимовлиянии актуален и по сей день. В основе нового искусства лежали «низкие» жанры, создавшие доступный всем язык. Можно сколько угодно ругать французскую «литературу бульвара», но на вершине этого явления оказались «Три мушкетёра» и «Граф Монте-Кристо». Британские культуроведы также спорят, считать ли высоким жанром популярнейшие «Записки о Шерлоке Холмсе». В США из бульварной журналистики выросли Майн Рид и Марк Твен, О. Генри и Джек Лондон.

Американский режиссёр Дэвид Беласко, придумавший театральную рампу и образ мадам Баттерфляй (Ильф и Петров могли видеть в Нью-Йорке и Лос-Анджелесе театры Беласко), предрекал: «Глядя фильм, вы всегда понимаете, что в нём отсутствует — чувство жизни. И с этим недостатком кино так и не сумеет справиться».

В табели о рангах «синема» поначалу пребывало между бурлеском и мюзик-холлом. Маленькие, за пять центов, кинотеатрики Нью-Йорка и Чикаго («никельодеоны») заполнялись простецкой публикой и недавними иммигрантами, для которых «немой» язык раннего кино был лёгок и понятен. Лишённый ангажемента провинциальный актёр Дэвид Уорк Гриффит, будущий отец современного кино, тоже презирал синематограф, но безденежье толкнуло его на работу в этом «примитивном» развлекательном жанре.

В августе 1908 года в Нью-Йорке Гриффит сделал картину «Из любви к золоту» по мотивам рассказов Джека Лондона. Это была история о двух бандитах, которые хотят обворовать один другого и подсыпают друг другу отраву в кофе. Они умирают, сидя за столом друг против друга. Маленький скетч в 165 метров был сыгран в простой декорации: кроме стола и двух чашек кофе, других аксессуаров не было. Весь интерес для зрителей заключался в мимике актёров, смене планов и мелких подробностях действия.

Это был фильм-предтеча. Как писал историк кино Терри Ремси, «Гриффит выработал экранный синтаксис. До 1908 года ожившие изображения ещё только лепетали первые буквы алфавита. Но благодаря Гриффиту они освоили грамматику и визуальную риторику экрана».

Дэвид Уорк Гриффит, отправляясь в далёкое захолустье Лос-Анджелес, ещё не знал, что отберёт кинематографические лавры у Нью-Йорка. «Архипелаг Голливуд», американский «остров Крым» рождался на его глазах как пиратская республика, которая отказалась платить дань нью-джерсийскому султану. Последовало множество судебных исков, но свобод-

Бульвар Голливуд

ное искусство победило. Впоследствии «Калифорнийская Сечь» сама станет брать дань почище Томаса Эдисона.

Ильф и Петров зафиксировали результат бурного двадцатилетнего развития:

> Голливуд — правильно распланированный, отлично асфальтированный и прекрасно освещённый город, в котором живут триста тысяч человек. Все эти триста тысяч

154

либо работают в кинопромышленности, либо обслуживают тех, кто в ней работает. Весь город занят одним делом—крутит картины, или—как выражаются в Голливуде—«выстреливает» картины. Треск съёмочного аппарата очень похож на треск пулемёта, отсюда и пошёл термин «выстреливать». Всё это почтенное общество «выстреливает» в год около восьмисот картин. Цифра грандиозная, как и все цифры в Америке.

Рождение национального кинематографа состоялось на Бульваре Заходящего солнца. В 1910-годы ещё не получивший своего имени Бульвар был разбитой просёлочной дорогой. Закон о прогоне скота регулировал количество голов, идущих через «Святую рощу»: не более двухсот. Многокилометровый извилистый Бульвар Сансет упирался в край ойкумены: день мира угасал тогда, когда солнце тонуло в багряном западном океане. Капризом фортуны здесь суждено было воздвигнуть другую реальность—мерцающий мир белого экрана, стиравший зыбкую грань между подлинным и вымышленным.

8 февраля 1915 года Дэвид Гриффит представил здесь историческую ленту «Рождение нации». У фильма во все времена была сложная судьба. Совсем юный кинематограф успел сформировать собственные стереотипы и штампы. Более опытные мастера высмеивали эксперименты Гриффита: смену планов, монтажную склейку, длинный кадр, флешбэк. Режиссёр сломал стереотип, что большие сюжеты надо показывать в кинотеатрах по кусочкам (в виде еженедельных сериалов). Да и серьёзные врачи считали просмотр кино в темноте вредным для глаз. Трехчасовой фильм Гриффита ждал невиданный триумф. Зрители во время сеанса рыдали и бурно аплодировали, ужас в зале вызвала сцена несущейся на зрителя кавалерии.

Если верить легенде, рождение крупного плана у Гриффита происходило несколько анекдотически. Людей с кинокамерой, операторов, снимавших фильмы, называли камеристами, а само кино стали именовать «мувиз»—движущиеся картинки (от moving pictures). Богом операторов слыл немец Билли Битцер, неравнодушный к хорошему пиву. Гриффит выставлял бутылку баварского на съёмочной площадке и говорил: «Угощу, если ты мне сделаешь нужный план». Пиво стояло на нужной режиссёру позиции. И капризный Битцер потихонечку выдвигал камеру на крупный план.

Сегодня «Рождение нации» считается фильмом крайне неполиткорректным: события Гражданской войны излагаются с точки зрения южан-рабовладельцев (сам Гриффит был сыном полковника-конфедерата из Вирджинии). Но классику невозможно переписать: в «Рождении нации» появились параллельный и перекрёстный монтаж, смена фокуса, затемнения и многое другое. В киноленте Гриффита «десятая муза» обрела свой собственный выразительный язык.

Лос-Анджелес, Город Ангелов, у калифорнийцев именуется запросто Эл-Эй (LA). Гигантский метрополис представляет собой страну в миниатюре: стеклянные башни делового центра и безграничная «одноэтажная Америка», контрасты и крайности, полный стилистический беспорядок и разнообразие географических зон с горами, ущельями, руслами сухих рек, степными пейзажами, видами на океан и оазисами дикой природы внутри самого города. Здесь нашлось место и эллинам, и иудеям. Второй американский Вавилон предлагает собственные эстетические парадоксы: в мареве калифорнийских автострад, словно мираж, можно встретить горделиво несущегося и в то же время застывшего в сгустке времени байкера в кожанке с бородой и взглядом Льва Толстого.

«Просвещённый читатель, должно быть, уже знает, что это, собственно говоря, и не город вовсе. И правда, очень мало мегалополис Эл-Эй соответствует традиционному европейскому понятию о „городе“,— писал Василий Аксёнов.— Вечерами сверкающие бесчисленными фарами, шипящие бесчисленными шинами змеи фривэев весьма красноречиво напоминают вам, что вы в сердце суперцивилизации. Утром на холмах Бэльэр, на Пасифик Палисэйдс или в кварталах Санта-Моники вы слышите первозданные звуки природы: крик птиц, шелест листвы, шум прибоя. Под окнами висят грейпфруты и лимоны, коты ведут хитрую игру с голубыми калифорнийскими сороками».

Офис Макса Фактора
(сейчас Музей Голливуда)

Мировое влияние Лос-Анджелеса не столь громкое, как авангардный «нью-йоркский стиль», но глубинное. Даже никогда не бывавшие в Штатах наслышаны о районах Беверли-Хиллз, Малибу, Пасадена. Здесь отменные музеи и знаменитые университеты. И всё же в двадцатом веке самое мощное влияние на мир оказала тонкая целлулоидная плёнка, вначале молчаливо дрожащая в стрекочущем кинопроекторе, затем — звучащая, цветная, широкоэкранная.

«Святая роща» не подменила собой и не растворилась в невероятно разросшемся Лос-Анджелесе, а оказалась параллельной вселенной. Здесь возникла не просто «собственная империя», как сказал Скотт Фицджеральд, со своими жёсткими законами, конкуренцией, интригами и «звёздными» скандалами. Здесь рождена часть национальной мифологии, одно из ключевых понятий, представитель первого ряда американских символов вместе с парусником «Мэйфлауэр», Статуей Свободы, Уолл-стрит и фургоном «пионеров Запада». Несмотря на внешнюю пестроту образов, все они, в той или иной степени, обозначают «американскую мечту» о безграничных возможностях, надежду на феерический жизненный успех. Как говаривал архитектор Фрэнк Ллойд Райт, «это как будто наклонили всю страну на бок и дали всем чокнутым и неудачникам скатиться в одно место».

«Окна нашей комнаты выходили на бульвар Голливуд, — писали Ильф и Петров. — На одном углу перекрёстка была аптека, на другом — банк. За банком виднелось новенькое здание. Весь фасад его занимали электрические буквы: „Макс Фактор“. Много лет назад Макс Фактор, молодой

157

человек в продранных штанах, приехал с юга России в Америку. Без долгих размышлений Макс принялся делать театральный грим и парфюмерию. Вскоре все сорок восемь объединившихся Штатов заметили, что продукция мистера Фактора начинает завоёвывать рынок. Со всех сторон к Максу потекли деньги. Сейчас Макс невероятно богат и любит рассказывать посетителям волшебную историю своей жизни. А если случайно посетитель родом из Елисаветграда, Николаева или Херсона, то он может быть уверен, что счастливый хозяин заставит его принять на память большую банку крема для лица или набор искусственных ресниц, имеющих лучшие отзывы Марлены Дитрих или Марион Дэвис».

Из необъятной саги с названием «Русский Голливуд» Ильф и Петров оставили несколько фрагментарных впечатлений. Политическая осторожность и законы жанра переводят их впечатления в книжную юмореску:

> Покуда мы рассматривали декорацию и статистов, позади вдруг послышался русский голос, хороший такой голос, сочный, дворянский:
> — Что, Коля, пойдём сегодня куда-нибудь?
> Другой голос штабс-капитанского тембра ответил:
> — А на какие шиши, Костенька, мы пойдём?

Писатель Борис Полевой, когда-то входивший в обязательную школьную программу «Повестью о настоящем человеке», оказался более расположенным к русскому Голливуду, чем Ильф и Петров. В оттепельном 1956 году ему довелось увидеть «тени» старой России. На страницах «Американского дневника» Полевого возникли актер-родственник барона Врангеля и сын писателя Амфитеатрова, «внук Авдотьи Панаевой, племянник кавалергардов братьев Панаевых, героически погибших в первой мировой войне» и «красивый, статный голубоглазый блондин» Родзянко, сын бывшего председателя Государственной думы.

«Так же как и на всех американских предприятиях, которые мы видели (кроме фордовских конвейеров, где властвует лихорадка), в голливудских студиях работают не слишком тороп-

ливо, но уверенно и ловко,— пишут авторы „Одноэтажной“.—
Нет ажиотажа, вздыбленных волос, мук творчества, потного
вдохновения. Нет воплей и истерик. Всякая американская работа немножко напоминает цирковой аттракцион,— уверенные движения, всё рассчитано, короткое восклицание или
приказание — и номер сделан».

Из блокнотных записей Ильфа:

> Американская девушка узнаёт из картины, как надо смо-
> треть на мужчину, как вздохнуть, как надо целоваться,
> и всё по образцам, которые дают лучшие и элегантней-
> шие стервы страны.

Ильф и Петров были современниками уникального явления: «великий немой» превратился в звуковой кинематограф.
Микрофон принёс в Голливуд драматические перемены: тра-
гедии уходящих маститых режиссёров и не вписавшихся в новое искусство кинозвёзд, рождение других кумиров и иную
сценарно-постановочную стилистику. Чарли Чаплин и работавший в Голливуде Сергей Эйзенштейн поначалу считали
звук в кино разрушителем художественного образа. Дэвид
Гриффит не смог найти себя в новой реальности. В Париже,
когда там впервые появились американские звуковые фильмы, публика кричала: «Говорите по-французски!» В Лондоне
аудитория свистела, возмущаясь американским акцентом,
плохо понятным и казавшимся вульгарным и смешным.

На годы, последовавшие после Великой депрессии, приходится расцвет позитивного, бодрящего и развлекающего, уте-
шающего, наивно-сердечного американского кинематографа.
Высоколобой критике подобное никогда не нравилось, и такого же мнения держались Ильф и Петров. Но именно такой
и была первоначальная суть нового искусства — недаром первые кинотеатры в Штатах звались «фантаскопами» «паноптик-
конами» и «фотосценографами», а в России честно именова-
лись «иллюзионами».

Мы знаем, из какого сора росло новое искусство, не ведая
стыда. Ильф и Петров выделяют жанры, ещё не оперируя тер-
минами «мюзикл» или «вестерн»:

Есть четыре главных стандарта картин: музыкальная комедия, историческая драма, фильм из бандитской жизни и фильм с участием знаменитого оперного певца. Каждый из этих стандартов имеет только один сюжет, которые бесконечно и утомительно варьируется. Американские зрители из года в год фактически смотрят одно и то же.

Справедливости ради надо отметить, что не менее ядовитые оценки давались писателями ведущим советским кинорежиссёрам. Особенно досталось Григорию («Гришке») Александрову, с которым не сложилась сценарная работа над фильмом «Цирк». Отсюда полемический пассаж, скорее обращённый к московским собеседникам: «Сюжет музыкальной комедии состоит в том, что бедная и красивая девушка становится звездой варьете… В течение полутора часов мелькают голые ноги и звучит весёлый мотивчик обязательной в таких случаях песенки».

В Голливуде Ильф и Петров сотрудничали с известным режиссёром Льюисом Майлстоуном, постановщиком фильма «На Западном фронте без перемен» по Ремарку, первым обладателем двух премий Оскар (и ещё трёх номинаций). Соавторы пытались написать сценарий кинокомедии по мотивам «Двенадцати стульев». Языковых трудностей не было, ибо Майлстоун (Лев Мильштейн) родился в Кишинёве, жил в Одессе и эмигрировал в США в 1913 году.

Пионерами Голливуда, вдохнувшими жизнь в пустоши южной Калифорнии, были люди, для которых родным языком был идиш. Крупнейшие американские киностудии — «Двадцатый век Фокс», «Парамаунт», «Метро-Голдвин-Майерс», «Братья Уоррен» — были основаны еврейскими иммигрантами из Австро-Венгрии и Российской империи. Не имевшие поначалу никакого опыта в индустрии развлечений, но обладавшие гениальным деловым чутьём, эти сыновья метизников, скорняков и бакалейщиков сделали Голливуд «символом Америки ещё в большей мере, чем яблочный пирог».

Плохое знание английского языка уроженца Варшавы Сэмюэла Голдвина, основателя MGM с рычащим львом на за-

Китайский театр, где проходили главные голливудские премьеры

ставке, создателя более 80 фильмов, вошедших в сокровищницу мирового кинематографа, также стало легендой. «Голдвинизмы», как смесь ломаного английского и недопонимания местных идиом, поставили их на одном уровне по популярности со знаменитыми законами Мёрфи и Паркинсона. Среди наиболее известных «жемчужин» Голдвина: «Сообщаю вам своё окончательное решение: может быть», «Никогда ничего не предсказывайте, особенно будущее», «Не думаю, что нужно садиться за автобиографию, пока ты ещё жив», «Нам необходимы новые штампы», «Если бы Рузвельт был жив, он бы перевернулся в гробу», «Эти режиссёры вечно кусают руку, несущую золотые яйца».

Цензура всё равно пришла в Голливуд. Бывший глава почтового ведомства страны Уильям Хейс, в прошлом старейшина пресвитерианской церкви и франкмасон 32-й степени, был назначен блюстителем нравов самого популярного из искусств. Кодекс, выработанный Хейсом в 1930 году («Кодекс добродетели»), запрещал показывать в фильмах лужу крови, труп, попираемую законность, долгий поцелуй, кружевное бельё, внутреннюю сторону женского бедра, наркотики, полуобнажённую грудь, азартные игры, нацеленный на зрителя пистолет.

Интересно, что многократно обруганный вульгарный американский бурлеск, лежавший в основе многих первых короткометражек (*flickers*), пережил расцвет в годы «сухого закона», но сегодня почти забыт. А фривольное кабаре «Мулен Руж» осталось одним из символов Парижа. Поэтому о вкусах можно и должно спорить.

По всем внешним параметрам Лос-Анджелес должен был понравиться Ильфу и Петрову. Мечта Остапа Бендера: большой южный город с кремовыми виллами на окрестных склонах, тёплая зима, рощи олеандров, диковинные цветы и золото апельсиновых плантаций, беззаботная, как в Рио-де-Жанейро, публика в белых штанах… Тем не менее этот город исчезает со страниц «Одноэтажной Америки», оставляя читателю ещё одну загадку. Философ и социолог Жан Бодрийяр писал:

> В отличие от Рио, раскинувшегося возле надменного, пышного и претенциозного (но всё-таки прекрасного) моря, здесь город заканчивается почти что в океане, как пригород морского курорта, туманное очарование которого он сохраняет. На рассвете это одно из самых незначительных побережий мира, почти рыбачье. Здесь, на лишённом значения берегу завершается Запад, завершается как путешествие, которое по мере приближения к своему концу теряет смысл. Необъятная метрополия Лос-Анджелес опрокидывается в море как пустыня, с той же праздностью.

Современник Ильфа и Петрова Фрэнсис Скотт Фицджеральд посвятил Лос-Анджелесу свой последний роман, который мог бы стать литературным памятником этому городу. В тонкой, почти акварельной манере «Последнего магната» проступает декоративно-показушный и романтически-сказочный Голливуд, где есть «плоды внезапных озарений и отчаянных общих потуг, апатии, интриг и пота», где в одной команде съёмочного городка работают люди «с Уолл-стрит, с Грэнд-стрит, из вирджинского захолустья, а также из Одессы». В романе есть «расслабляющий климат», лимонные рощи, фотогеничная луна в декорациях Тихого океана и «извилистые спуски дорог» под музыку Глена Миллера из радиоприёмника. Фицджеральд оставляет неопределёнными отношения главного героя-режиссера и его героини, как будто

Писатели в Америке

в начальных кадрах кинопроб, и вскользь упоминает о калифорнийских землетрясениях, словно говорит о призрачности всего сущего.

«Последний магнат» остался незаконченным. Инфаркт поставил финальную точку в рукописи на полуночном столе Скотта Фицджеральда в Лос-Анджелесе. В этом чудится какая-то трагическая ирония и рок, встречавшийся в античном театре. Никому так и не удалось написать великий роман о Голливуде, пройти с читателем через запутанные главы американской летописи грёз.

«ПОД КУПОЛОМ ЦИРКА»

Ещё одна жгучая тайна советского времени. Когда Ильф и Петров направлялись на пароходе в США, в Калифорнии находилась советская делегация работников кино под руководством старого большевика Б. Шумяцкого. Из голливудских студий началась кремлёвская интрига, в которую оказались втянуты авторы «Одноэтажной Америки», и о которой, как водится, сохранилось мало документальных свидетельств.

В начале 1930-х кинематограф Страны Советов находился в ведении наркомата лёгкой промышленности, в одном ряду с текстильной, спичечной, мыловаренной, костеобрабатывающей, пенько-джутовой, жиро-парфюмерной и прочих отраслей. В феврале 1933 года у Сталина наконец дошли руки до седьмого из искусств. Именно тогда было образовано Главное управление кинофотопромышленности (ГУКФ) при Совнаркоме СССР. Начальником управления стал Борис Захарович Шумяцкий, подпольщик с дореволюционным стажем, в годы гражданской войны возглавлявший советские правительства в Сибири и на Дальнем Востоке. Ему предстояло «вдохнуть жизнь» в анемичную социалистическую киномузу.

В записных книжках Ильи Ильфа немало язвительных строк посвящено советской кинопродукции, «шику третьего разряда». В «Золотом телёнке» литераторы зло высмеяли нравы «1-й Черноморской кинофабрики», в кабинетах которой бесследно исчез сценарий многометражного фильма Остапа Бендера «Шея». Ряд исследователей отмечал, что травелоги Ильфа и Петрова используют приёмы киноповествования: планы-раскадровки, композиционные аналоги так называемого ассоциативного монтажа. Синематограф для писателей начался с составления надписей к фильму Я. Протазанова «Праздник святого Йоргена». В немом кино составление надписей было важным занятием, ибо отточенность фразы на экране могла изменить кадр, окрасить восприятие наравне с операторским углом зрения. Здесь работали мастера слова: например, интертитры для фильма «Евреи на земле» делали В. Маяковский и В. Шкловский.

Илья Ильф и Евгений Петров несколько раз пробовали себя в качестве сценаристов. На «Мосфильме» они создали три киносценария — для фильмов «Барак», «Однажды летом», «Цирк» — и остались крайне недовольны их режиссёрским воплощением. Наиболее драматический конфликт случился во время работы над кинокомедией Григория Александрова «Цирк».

«Нарком кинематографии» Шумяцкий посоветовал режиссёру Александрову взять за основу картины водевиль «Под куполом цирка» по пьесе Ильфа и Петрова, который шёл с большим успехом в Московском мюзик-холле. Шумяцкий явно выполнял наказ товарища Сталина, считавшего в ту пору кинокомедии полезными для народа.

Григорий Васильевич Александров в молодости пробовал себя в разных амплуа: акробат в цирке, актёр и канатоходец в театре Мейерхольда, помощник режиссёра С. Эйзенштейна, работавший с ним в Голливуде. Во все времена он считался «везунчиком», политическим эквилибристом, тонко чувствовавшим конъюнктуру; в более поздние времена режиссёры приходили срывать пуговицы с его пиджака на удачу перед началом съёмок нового фильма.

Дебют Александрова с мюзиклом «Весёлые ребята» и Любовью Орловой в главной роли имел невероятный успех у населения и заслужил похвалу самого «вождя народов». Первая советская музыкальная комедия представляла собой кальку с голливудских фильмов, на что Максим Горький глубокомысленно сказал: «Да, это американизм… однако это наш, советский американизм». Голливудские жанры, сюжетные ходы и технология съёмки импортировались на «Мосфильм» с той же естественностью, с какой закупались за океаном автомобильные и сталелитейные заводы.

Плакат фильма «Цирк»

Состязание в завоевании космоса под куполом цирка — новая линия в соревновании СССР с Америкой, введённая в сценарий Ильфом и Петровым. Авторы вкладывают в уста заокеанского гастролёра иронические слова:

— Кажется, у вас это называется — догнать Америка?

— И перегнать! — уточняет директор цирка.

В самой кинокартине московские артисты решили позаимствовать американскую (и, наверняка, патентованную) цирковую технологию, чтобы переиначить «космический» аттракцион на свой лад. Как говорится, было ваше — стало наше.

Соперничество с Соединёнными Штатами станет одним из сюжетных ходов в дальнейшем творчестве Г. В. Александрова. «Америка России подарила пароход» — тема из следующей его комедии «Волга-Волга» — ненадёжный пароход, как мы помним, рушится на глазах зрителей. Затем были лобовые политические поделки «Встреча на Эльбе» и «Русский сувенир».

Александров с подачи кинонаркома Шумяцкого насытил сценарий Ильфа и Петрова не только голливудскими гэгами (киноведы находят прямые цитирования из фильмов Диснея, Чаплина и, в особенности, из постановок хореографа Басби Беркли), но и мощной советской идеологией. Его главная героиня, американская артистка, сбегает от капиталистического подчинения к советскому счастью. Сценарий «Цирка» перерабатывался семь раз — сначала самими авторами, а затем в их отсутствие. Некоторые опасные шутки были выброшены: «Там, где лево, там право, где право, там лево. Прямо диалектический материализм». После отъезда Ильфа и Петрова в США диалоги в сценарии правил Исаак Бабель.

В декабре 1935 года на Всесоюзном совещании высших партийных руководителей Борис Шумяцкий выступил с докладом о целесообразности строительства советского Голливуда — киногорода, более развитого, чем в Калифорнии. Выступление Шумяцкого произвело впечатление на Сталина, которой в ту пору склонялся к мегапроектам (вроде Беломорканала или Дворца Советов с гигантской статуей Ленина на вершине). После доклада вождь затребовал план строительства. Кинонарком немедленно подал все необходимые бумаги.

Амбициозный Борис Захарович Шумяцкий, занятый идеей реформирования технической базы советских кинофабрик, привёз из Штатов великолепные идеи. Он был невероятно впечатлён голливудской техникой звукозаписи и цветопередачи, чёткой и рациональной организацией съёмок, возможностью (благодаря подходящему климату) практически круглогодичной работы над фильмами. По приезде из Лос-Анджелеса Шумяцкий предложил «генеральную реконструкцию» советского кинематографа на основе американского опыта.

Мечты о сказочном киногороде, «советском Халивуде», как писали в газетах,—ещё один вариант популярного лозунга «Догнать и перегнать Америку!» Вдохновлённый поддержкой Сталина, Шумяцкий даже издал книгу «Кинематограф миллионов». Допотопные советские кинофабрики переименовали в киностудии, а в печати замелькало модное слово «продуссер». Предполагалось возвести «Красный Голливуд» и утереть нос Америке всего за пять лет (с 1936 по 1940 год).

В качестве первого шага на юге страны начали подыскивать площадки для строительства небывало крупных павильонов. Газета «Правда» сообщила, что выбрали побережье Крыма в районе Фороса. Создавались тома экономических выкладок для Совнаркома. Сотни специалистов готовили проект конвейера, способного поначалу выпускать до 200 киногрез в год (в три-четыре раза больше, чем в лучшие советские годы). Сам Борис Захарович заявлял о перспективе увеличения объёма годового производства до 700 картин, как в США.

Сказка Шумяцкого, казалось, начинала сбываться. Проектировщики наметили улицы советской киностолицы в виде постоянных «жилых декораций», главных улиц многих городов мира. Предполагалась даже выстроить Красную площадь в натуральную величину, чтобы не перекрывать центр Москвы из-за съёмок. По плану, к концу 1940 года под солнцем Тавриды должны были работать девять тысяч профессиональных сотрудников, а всё население Фильмленда превысить 20 тысяч человек.

«Это был уже немолодой человек, ходивший в тёплом, не по сезону пальто, несуразно нахлобученной шапке и галошах. Что-то глубоко прозаическое и обыденное было во всём облике этого умного, много знавшего человека, в полной мере одарённого чувством юмора»,—вспоминал о кинонаркоме режиссёр Григорий Козинцев. Типичный работник партаппа-

Журнал «Американский кинематографист» за 1935 год

рата, не чуждый политической интриге, Шумяцкий немало сделал для развития советского кино. При нём в СССР начали делать киноплёнку, камеры и проекторы, пусть и более низкого качества, чем импортные. Организовали высшую киношколу (ВГИК), создали Дом кино и провели в Москве первый международный кинофестиваль в 1935 году. Он также решил задачу по полной перестройке анимационного кино в СССР, в результате чего в 1936-м появился «Союзмультфильм». При этом ортодоксальный большевик Шумяцкий был «на ножах» со многими ведущими режиссёрами. Особенной враждой были отмечены отношения с Сергеем Эйзенштейном. Строптивый автор «Броненосца Потёмкин» даже повесил газетный портрет Шумяцкого в домашнем туалете.

В воспоминаниях режиссёра Михаила Ромма есть рассказ о том, как Эйзенштейн после конфликта с начальством и вынужденного долгого простоя является по вызову Шумяцкого. Единственный советский кинорежиссёр с мировой известностью готов поклониться, но характер всё-таки не позволил. Шумяцкий, озабоченный престижем советского кино, просит мастера: «Помогли бы вы Грише Александрову вывезти „Весёлых ребят"». Эйзенштейн ответил: «Я не ассенизатор, дерьмо не вывожу».

В марте 1936 года вернувшиеся из Америки Ильф и Петров посмотрели на «Мосфильме» черновую версию новой ленты Александрова. Весёлая водевильная история «Под куполом цирка» в руках режиссёра превратилась в политическую агитку, что возмутило сценаристов. В письме на имя руководства «Мосфильма» соавторы потребовали убрать их имена из титров фильма (это лишило Ильфа и Петрова Сталинской премии первой степени за картину).

В качестве послесловия к конфликту остались три короткие реплики в записной книжке Ильи Ильфа и обтекаемые фразы Александрова в газете «Кино» за 26 мая 1936 года, сразу после выхода фильма на экраны. Режиссёр писал:

> В работе над «Цирком» у нас возникла борьба со сценарием. Мы боялись, что жанр лёгкой эксцентрической комедии окажется не в состоянии вместить большое социальное содержание, и перешли на мелодраму.

«Теперь понимаю!» — восклицала в финале «Цирка» счастливая американка Марион Диксон (Любовь Орлова), маршируя в колонне с флагами под марш Дунаевского по Красной площади.

Сразу по возвращении в Москву Ильф и Петров напишут многостраничный отчёт Сталину о своей поездке в США. Одной из важных его составляющих была критика идеи строительства Киногорода:

> У нас есть сейчас несколько огромных кинофабрик, например, колоссальные фабрики в Москве и Киеве. Это огромные железобетонные здания. Московскую фабрику до сих пор не достроили. Мы немного знакомы с деятельностью этих фабрик. Пока что это кустарщина. Работа там ещё не освоена. У нас нет кадров, нет актёров, сценаристов. Совершенно непонятно, как можно строить специальный город, не поставив на ноги, не достроив уже существующих фабрик, не имея собственных актёров, а приглашая их из театров.

Некоторые из исследователей считают, что в основе ильфо-петровского послания Сталину лежала сложная подковерная интрига в верхах, в частности соперничество Берии и Орджоникидзе, в которую втягивали работников культуры. Более вероятно, что писатели противились идее советской «кузницы фильмов» как бюрократической попытке организовать некий единый киноколхоз.

Письмо Сталину выдержано в духе советского лоялизма. Но вождь умел читать между строк:

> На 10 хороших картин в год в Холливуде приходится 700 совершенно убогих картин. Но надо совершенно откровенно сказать, что эти убогие картины в техническом отношении сняты вполне удовлетворительно, чего нельзя сказать о наших даже самых лучших, действительно художественных картинах.

Поточный метод по-советски соединил бы кинохалтуру с пропагандой, что, по всей видимости, приводило в ужас авторов «Одноэтажной Америки». В одном из фельетонов

Ильфа и Петрова рассказывалось, как создаётся «идеологический» фильм:

> Ещё каких-нибудь три года тому назад, в то розовое обольстительное утро, когда Эйзенштейн и Александров в сопровождении ассистентов, экспертов, администраторов, уполномоченных и консультантов выехали на первую съёмку «Старого и нового» (картина выйдет под названием «Генеральная линия» — *Л. С.*), уже тогда было отлично известно, что нет ничего омерзительнее и пошлее нижеследующих стандартов:
>
> 1. Деревенский кулак, толстый, как афишная тумба, человек с отвратительным лицом и недобрыми, явно антисоветскими глазами.
>
> 2. Его жена, самая толстая женщина в СССР. Отвратительная морда. Антисоветский взгляд.
>
> 3. Его друзья. Толстые рябые негодяи. Выражение лиц контрреволюционное.
>
> 4. Его бараны, лошади и козлы. Раскормленные твари с гадкими мордами и фашистскими глазами.
>
> Известно было также, что стандарт положительных персонажей в деревне сводился к такому незамысловатому облику: худое благообразное лицо, что-то вроде апостола Луки, неимоверная волосатость и печальный взгляд…
>
> И вот картина появилась на экране.
>
> Настоящая деревня была показана так:
>
> 1. Кулак — афишная тумба с антисоветскими буркалами.
>
> 2. Жена — чемпионка толщины с антисоветскими подмышками.
>
> 3. Друзья — члены клуба толстяков.
>
> 4. Домашний скот — сплошная контра.
>
> И — венец стандарта: деревенская беднота, изображённая в виде грязных идиотов.
>
> Сюжет — на честное слово. Ничего не показано. Всему приходится верить на слово. Дело идёт о возникновении колхоза, но как он возникает — не показано. Го-

ворится о классовой борьбе в деревне, но не показано, из-за чего она происходит... Кончается картина парадом сотни тракторов, не производящих никакой работы.

Говорили, что скульптор Вера Мухина ваяла циклопических «Рабочего и колхозницу» с главных актёров «Цирка» — С. Столярова и Л. Орловой. Картины Александрова запечатлели пафос воздушных и физкультурных парадов, съездов и слётов, маршей и песен, которые «строить и жить помогают». Главные же события в истории советского кино случались в тишине, во время ночных кинопросмотров в Кремле, куда периодически вызывали Шумяцкого для докладов и демонстрации старых и новых лент. Дочь Сталина Светлана Аллилуева в своих мемуарах, изданных после эмиграции из СССР, описывала вечерний ритуал:

Кинозал был устроен в Кремле, в помещении бывшего зимнего сада, соединённого переходами со старым кремлёвским дворцом. Отправлялись туда после обеда, то есть часов в девять вечера». Длинная процессия шествовала «в другой конец безлюдного Кремля, а позади ползли гуськом тяжёлые бронированные машины и шагала бесчисленная охрана...

9 марта 1936 года, в день, когда Ильф и Петров увидели на «Мосфильме» рабочую версию «Цирка», Сталин вызвал Шумяцкого на очередной кинопросмотр в Кремль. Генсек задал вопрос: — Что это Ильф и Петров вздумали пропагандировать замену солнца и натуры декорациями и искусственным светом?

В дневнике Шумяцкий записал свой ответ вождю, что точка зрения писателей — «это брехня, что ни натуру, ни солнце не заменить ни фактически, ни экономически, что Ильф (и) Пётр(ов) никого в Голливуде не видели, кроме трёх известных нам людей, которые им ничего подобного их письму не говорили, что оба писателя, не зная английского языка, ходили с нашим переводчиком, который отрицает, что кто бы то ни было им о ненужности Киногорода говорил».

Финальная сцена кинокартины «Цирк»

Главный зритель и цензор страны одобрительно кивнул: «Значит, просто болтали. Да это и так ясно из их письма… Увидят что-то из окна вагона и выдают за достоверный факт». Отметим в реплике вождя невольный парафраз Маяковского: «Америку я видел только из окон вагона».

174

Чаша весов в величайшей советской кинофабуле могла склониться в любую сторону. Считается, что к лету 1936 года Сталин охладел к идее крымского Фильмленда с разорительным бюджетом в 300 миллионов рублей (более миллиарда долларов в современных ценах). Ведомство Шумяцкого переподчинили Комитету по делам искусств при Совнаркоме СССР, что вызвало серьёзное сопротивление старого аппаратчика.

Правнук кинонаркома и его полный тёзка рассказывал семейное предание, как Сталин позвал Бориса Захаровича к себе 31 декабря 1937 года:

> Незадолго до ареста его вдруг вызвали в Кремль, на новогодний приём. Эти сталинские приёмы хорошо описаны у Фазиля Искандера в «Пирах Валтасара». Икра, вино, водка… Тосты. Многие напивались там до полусмерти, и, конечно, прадед смотрелся на их фоне белой вороной. Так вот, на приёме стали пить за здоровье вождя, а Борис Захарович чокался водой. Тогда Сталин опустил свой бокал и спросил у него: «Борис, ты что, не хочешь выпить за моё здоровье?» На что мой прадед ответил: «Коба, ты же знаешь, я не пью». «Ну, как говорится, не можешь — научим, не хочешь — заставим», — ответил Сталин… А уже на следующий день он нашёл на своём рабочем столе приказ об увольнении.

Некоторым из мастеров культуры показалось, что смещение «замшелого» партийного чиновника раскрепостит творческий процесс в кино. Чутко улавливавший «политические флюиды» Александров загримировал бюрократа Бывалова в «Волге-Волге» под впавшего в немилость Шумяцкого. Новым же руководителем кино стал бывший начальник управления НКВД по Воронежской области Семён Дукельский. В молодости он служил тапёром в кинотеатре, затем возглавлял одесскую ЧК, в Воронеже Дукельский лично допрашивал ссыльного Мандельштама. Среди кинематографистов бытовал анекдот, как новый глава кино по чекистской привычке отдавал своему секретарю распоряжение о приглашении в кабинет в виде команды: «Введите режиссёра!» Если же посетитель входил с улыбкой на лице, профессиональный чекист повышал голос: «Выйдите, снимите улыбку и снова войдите!»

К окончанию съёмок новой комедии Александрова «Волга-Волга» был арестован директор картины Захар Дарецкий, затем главный оператор Владимир Нильсен, ездивший с Шумяцким в Голливуд. Даже в поздние годы жизни, относительно вегетарианские времена, седовласый орденоносец Григорий Александров предпочитал не вспоминать о своих репрессированных коллегах, вырезанных из титров его фильмов и из самой жизни.

Кинопроект «Советский Голливуд» был официально назван вредительством. Сталин потребует от мастеров кино снимать «меньше, да лучше», затем наступит пора малокартинья, когда в пустых павильонах «Мосфильма» заведутся летучие мыши, а в кинотеатрах будут годами крутить пафосно-патриотические байопики «Мичурин», «Пржевальский», «Жуковский», «Адмирал Ушаков». Как говорили позднее злые языки, появился «кинематограф Чейн-Стокса».

Опытный партиец Борис Шумяцкий не просто проиграл свою киноинтригу. Вынесенный обвинительный приговор ему и другим руководителям Госкино был оформлен нелепее самой гротесковой голливудской поделки: «...группа террористов во главе с ним, Шумяцким, с целью совершения террористического акта против членов Политбюро ВКП(б) умышленно разбила запасную колбу ртутного выпрямителя и отравила помещение просмотрового кинозала в Кремле».

Смерть и кино—трагедия по-советски на фоне «Весёлых ребят» и «Цирка».

ПРОТОГОРОД

Удавалось ли кому-нибудь в нескольких строках создать обобщённую типологическую характеристику целой нации? У Ильфа и Петрова, попытка, несомненно, может быть засчитана: «Речь идёт о так называемом среднем американце — главном покупателе и главном избирателе. Это простой, чрезвычайно демократичный человек. Он умеет работать и работает много. Он любит свою жену и своих детей; слушает радио, часто ходит в кино и очень мало читает. Кроме того, он очень уважает деньги. Он не питает к ним страсти скупца, он их уважает, как уважают в семье дядю — известного профессора. И он хочет, чтобы в мире всё было так же просто и понятно, как у него в доме».

Илья Ильф и Евгений Петров иронично и талантливо показали Америку городскую и провинциальную. Современные Соединённые Штаты существуют и в своей третьей ипостаси — Америка пригородная, обозначаемая словом *suburb* (дословно — «протогород»). Сабурбия представляет собой не просто зону жилой застройки, но обширную американскую поэму, которая далека от завершения.

Сатирики увидели противоречия между грохочущими американскими мегаполисами и скучным «одноэтажным» захолустьем. Возможно, что в «мире сабурбии» они бы нашли и оценили активно проповедуемую в их годы, но так и не случившуюся на родине смычку города и деревни.

Американскому пригороду удалось почти невозможное — освоить лучшие из достижений городской цивилизации и избегнуть «классических» сельских недостатков. Американский сабурб означает хорошие дороги и удобные парковки, чистый воздух и развитую инфраструктуру, хорошие школы и низкий уровень преступности.

Крупный город и небогатую провинцию сто лет назад уравняла торговля по почте. Президент США Франклин Рузвельт однажды сказал, что хотел бы подарить каждому русскому по каталогу торговой фирмы Sears & Roebuck, чтобы дать наилучшее представление об Америке и о том, насколько можно улучшить и украсить жизнь. И в более поздние времена попавший по случаю в советскую семью толстый иллюстрированный каталог западной торговой фирмы хранился в домашней библиотеке как некий художественный альбом из параллельного мира.

Традиция американского пригорода восходит к английскому поместью с пейзажным парком, когда природа облагораживалась человеком, но в меру. Основополагающие черты американского характера доныне коренятся не в городе, а за его пределами. Исключением остаётся перенаселённый Нью-Йорк, хотя и в нём, за островными границами Манхэттена, милю за милей тянутся двухэтажные частные домики с клочками стриженного газона. В этих четырёх частях («боро») Нью-Йорк смахивает на разросшийся вширь посёлок городского типа с собственным торговым центром.

Американец, в отличие от европейца, не стремится жить в условном «Детройте». В душе он так и не сделался горожанином, хотя его тягу к земле отнюдь не назовёшь крестьянской. В Старом Свете было привычно ассоциировать знать с городом, а «чернь» — с селом. Слово «предместье» несло негативный оттенок. В американском обществе мерилом

Одно из первых изданий
«Одноэтажной Америки»

успеха, привилегией успешного класса стала жизнь в загородном доме с бассейном. Поэтому буржуазный американский пригород легко заимствовал традиционные развлечения родовой английской аристократии — гольф, теннис, верховую езду, но заменил крикет более демократичным бейсболом.

Со многим незнакомым, необычным и удивляющим пришлось встретиться переехавшим из России в Штаты: суховатая протестантская этика в быту и на службе, неудобная шкала Фаренгейта, открывающиеся только в нижней половине окна, всепроникающее арахисовое масло, ядовитый плющ, летние климатические ужасы на букву «h» — hot, hazy, humid, дюймы, фунты и галлоны, бейсбол как главная теленовость, пахучий скунс…

«…чем больше мы видели людей и вещей, тем меньше мы понимали Америку, — писали Ильф и Петров. — Мы пытались делать обобщения. Десятки раз в день мы восклицали:

— Американцы наивны, как дети!

— Американцы прекрасные работники!

— Американцы ханжи!

— Американцы — великая нация!

— Американцы скупы!

— Американцы бессмысленно щедры!

— Американцы радикальны!

— Американцы тупы, консервативны, безнадёжны!

— В Америке никогда не будет революции!

— Революция в Америке будет через несколько дней!»

Даже по прошествии многих лет, застолбив собственное счастье в «беловоротничковом» зажиточном пригороде, российский эмигрант не освобождается от ильфопетровской дилеммы: можно позволить себе кабриолет и собственный биллиард в доме, европейский круиз и «отдых на южных курортах», но оказались вредными для здоровья бронзовый загар и «обеды на чистом животном масле».

Соединённые Штаты гордятся плеядой отцов-основателей страны. Их лица знает каждый, кто держал в руках доллары.

У американского пригорода имеется собственный «отец-основатель», внук российского раввина Уильям Джайрд Левитт.

Семейный строительный бизнес Левиттов возглавляли бруклинский отец-юрист и два его сына, но историческая слава досталась старшему из братьев. Билл Левитт обладал реальным богатством: большим количеством нейронных связей, позволившим ему осмыслить и свести воедино несколько новых явлений. Сразу после окончания Второй мировой войны ожидалось большое количество браков и появление поколения «бэ-

Левиттаун, округ Бакс, Пенсильвания

бибумеров». Вместе с другими льготами правительство сильно облегчило миллионам демобилизованных получение ипотеки на жильё. Завершали «триаду Левитта» доступность автомобиля и быстрое послевоенное строительство новых дорог.

Уильям Левитт придумал новый стиль жизни для соотечественников. Первый из его городков, амбициозно названный Левиттауном, начал возводиться в 1947 году в Лонг-Айленде, неподалёку от Нью-Йорка. На выкупленных картофельных полях происходило нечто необычайное: в домостроение внедрили процесс конвейерной сборки. Зодчество разделилось на три десятка операций, каждую из которых выполняла специально подобранная бригада. Рабочие, ответственные за возведение каркаса, по минутам монтировали его и отправлялась к следующему участку земли, на их же место устремлялись обшивщики каркаса, за ними — кровельщики и так далее. Один рабочий отвечал за покраску кухонь, другой — за установку окон. Таким образом в день возводилось 35 домов, а за первые два года в Левиттаун въехали шесть тысяч семей.

Интересно, что в «Одноэтажной Америке» имеется визионерский пассаж:

> …мы увидели великолепно нарезанные улицы с широкими асфальтированными мостовыми, с тротуарами, с фонарями, выкрашенными алюминиевой краской. Мы увидели целый городок, с канализацией и водопроводом, с подведённым на все участки газом и электричеством, одним словом — город со всеми удобствами. Но без домов. Ещё ни одного домика не было в этом городке, где улицам были даны даже названия.

Секрет коммерческого успеха Левиттов заключался в следующем: новые дома были доступны по цене среднему классу и молодым семьям. Американская мечта пришла в виде деревянного с двускатной крышей домика «Кейп-Код»: две спальни, гостиная и кухня общей площадью 74 квадратных метра. На чердаке при желании можно было разместить ещё пару крошечных комнат. Чтобы снизить себестоимость жилья, братья Левитты придумали множество технических инноваций,

Интерьер типового дома Левитта

а число посредников и поставщиков свели к минимуму. Начальный взнос за дом составлял всего сто долларов.

«Кейп-Коды» с удовольствием покупали полицейские и пожарные, бывшие военные и медицинские сёстры, квалифицированные рабочие и водители автобусов. Поселение росло настолько быстро, что Левиттам стало не хватать имён для улиц. Сначала были увековечены все члены семьи. Потом в ход пошли цветы, деревья, птицы, животные, ягоды и небесные светила. Застройщики установили в Левиттауне строгие правила домовладения: запрещалось возводить заборы, захламлять газоны, вывешивать для сушки бельё по выходным. Авраам Левитт, отец Билла, нашёл себя в озеленении района и даже вёл колонку садовода в газете «Трибуна Левиттауна». По вечерам патриарх семейства лично объезжал весь посёлок и, если находил нестриженый газон, посылал туда сначала садовника, а затем и счёт за услуги.

Внедрив массовое жилищное строительство, Уильям Левитт продолжал экспериментировать. Его второй Левиттаун в штате Пенсильвания, рассчитанный на 17 тысяч жителей, застраивался домами четырёх типов. Будущие новосёлы могли выбирать жильё по каталогу, даже заказывать некоторые изменения в планировке семейного гнёзда. Фирма Левиттов ответственно относилась к быту и досугу своих жителей: вся территория планировалась с учётом демографии, так что нашлось место стадионам, бассейнам, торговому центру, детским площадкам, церквям и клубам по интересам. Левитт выделял для начальных школ такие участки, чтобы любой ребёнок мог дойти от своего дома до ближайшей школы, не переходя ни одной улицы с оживлённым движением.

Вновь после конвейера Форда страну поразила фантастически отлаженная скорость сборки: каркас дома возводился из готовых блоков менее чем за минуту, само жильё сдавалось под ключ менее чем за полчаса. В каждом доме имелся холодильник, стиральная машина, телевизор. Когда новосёлы заходили в дом, они обнаруживали на кухне хлеб и купоны для химчистки, а в холодильнике — молоко, сливки, яйца и масло. Ильф и Петров писали:

> Комфорт в Америке вовсе не признак роскоши. Он стандартен и доступен… Сервис тем и хорош, что он становится необходимым и незаметным, как воздух.

Среди жителей Страны Советов ходила несколько переиначенная шутка о родных бытовых услугах: «ненавязчивый советский сервис».

Автомобиль предельно ослабил центростремительные силы в развитии города. Впервые в истории число жителей крупных городов США начало сокращаться. Переезд миллионов американцев в пригороды считается крупнейшей миграцией населения в XX столетии. Освальд Шпенглер писал, что Америка—это «движение от природы к мегаполису». Пригород на этом пути оказался долгой остановкой.

В 1950 году популярный журнал «Тайм» подсчитал, что каждый восьмой строящийся в Соединённых Штатах дом возводит компания Левиттов. Журнал поместил изображение Билла на обложку с надписью «Я продаю новый образ жизни» и внёс его имя в список ста наиболее влиятельных людей страны.

Америка превратилась в страну левиттаунов. Они стали именем нарицательным: индивидуальные, но вместе с тем лишённые особой индивидуальности типовые жилища. Ещё Маяковский высмеивал увиденные им в Штатах каркасно-щитовые таунхаузы для среднего класса:

> Все стандартизированные дома одинаковы, как спичечные коробки одного названия, одной формы. Дома насажены, как пассажиры весеннего трамвая, возвращающегося из Сокольников в воскресенье вечером. Открыв окно уборной, вы видите всё, делающееся в соседней уборной, а если у соседа приоткрыта дверь, то видите сквозь дом и уборную следующих дачников. Дома по ленточке уличек вытянулись, как солдаты на параде—ухо к уху. Материал строений таков, что слышишь не только каждый вздох и шёпот влюблённого соседа, но сквозь стенку можешь различить самые тонкие нюансы обеденных запахов на соседском столе.

Американские пригородные зоны застройки, «Краснокаменски», «Белореченски» или «Зеленогорски», есть в любом из пятидесяти штатов. Все вместе они составляют костяк нации, в чем-то очень продвинутой, в чем-то очень патриархальной.

Микромир сабурба уютен и отличается собственным распорядком: субботним шопингом, воскресным барбекю с гостями, расписанием школьного автобуса, тыквами на пороге осенних праздников, электрическими гирляндами к Рождеству. Розы на домашних участках здесь могут цвести после начала календарной зимы, а приход весны объявляют не метеорологи, но ранние бутоны крокусов.

Пригороду в Соединённых Штатах до сих пор удаётся мирно разрешать конфликт между природой и цивилизацией. Контакт с девственной матушкой-природой здесь начинается за следующим поворотом дороги, а на самих улочках поселения, Кленовой или Каштановой, без боязни появляются дикие индейки, еноты, косули.

По уровню потребления жители пригорода остались на высоком уровне горожан, по образу жизни — активные дачники с поездками за весенней рассадой, летним грилем на дворе, осенним пледом и креслом-качалкой на веранде. Пригород, с его супермаркетом, сетевыми кафе, тренажёрными залами, отделениями банков, спа-салонами и полями для гольфа, стал символом американского комфорта. Охотно поселяя у себя офисы и разнообразные сферы услуг, сабурб зачастую оформляется в самостоятельную агломерацию. Американский пригород решил и другую вековую проблему человечества: не ездить далеко на работу.

«Комфорт есть — культуры нет», — главная из претензий к предместью. Так Осип Мандельштам иронизировал над американцами, доплывавшими до Старого Света:

> И в Лувре океана дочь
> Стоит прекрасная, как тополь;
> Чтоб мрамор сахарный толочь,
> Влезает белкой на Акрополь.
> Не понимая ничего,
> Читает «Фауста» в вагоне
> И сожалеет, отчего
> Людовик больше не на троне.

Современный мир развивается по единым законам. Всемирная паутина неумолимо превращает в анахронизм библиотеку и личное письмо в красивом конверте, кинотеатр и музыкальный магазин. Сабурб в этом не виноват. Он предоставляет человеку экзистенциальный выбор: воскресным утром можно отправиться на фермерский рынок, днём писать диссертацию, ныряя в бездонные цифровые недра Библиотеки Конгресса, вечером смотреть ретроспективу Тарантино. Отдельная из тем — пригород с колледжем. По всей Америке College Towns всегда оживлённые, фотогеничные, интеллигентные.

Социокультурный феномен пригорода породил выдающуюся литературу. Основоположником жанра считается роман «Буллет-Парк» Джона Чивера, которого в Америке называли «Чеховым сабурба». Рядом с ним не менее известные и маститые Джон Апдайк и Филип Рот, собравшие главные литературные премии страны.

Валентин Катаев, соавтор идеи «Двенадцати стульев» и старший брат Евгения Петрова, побывав в Америке, воскрешал ильфопетровскую стилистику:

> Архитектура уже не имела значения. Можно было с удобством жить в простом деревянном ящике, где сразу же появлялись горячая и холодная вода в ванне, огонь в очаге, ватерклозет, душ, телевизор на десять программ с ретрансляцией из Нью-Йорка, Сан-Диего и Мельбурна, телефон с отличной слышимостью, лампы дневного и скрытого света, лёд в холодильнике, так что можно было немедленно поселиться здесь с любимой женщиной и начать размножаться, не откладывая дела в долгий ящик, если конечно, у вас было достаточно долларов, чтобы сделать первые взносы за участок с нулевым циклом и за всё прочее.

Американская повесть Катаева «Святой колодец» (1965) не упоминает об Ильфе и Петрове (писатель это сделает позднее в шифрованном мемуаре «Алмазный мой венец»). Тем не менее, сложный катаевский нарратив отмечен парадоксальным одесским юмором и стилистическими аллюзиями с «Одноэтажной». Таков контраст мечты и реальности в описании опрятного, будто «с рождественской поздравительной картинки», зимнего сабурба:

Но больше всего мне понравился здесь небольшой особняк в глубине палисадника без забора, с безупречным газоном и двумя вечнозелёными магнолиями с пластами лёгкого снега на мглистых, глянцевых листьях — прелестный желтовато-розовый, как рахат-лукум, особнячок с рождественским веночком омелы над входной дверью и двумя стеклянными фонарями в виде факелов, матово светящимися в предвечернем сумраке. Окна домика были задёрнуты белыми шторами, освещёнными изнутри приветливым праздничным светом, так что мне сразу представилось, как хорошо и уютно в этом доме, где радушные хозяева ждут гостей, а может быть, гости уже пришли и теперь сидят за старинным столом красного дерева чиппендейл перед лиможским блюдом с плумпудингом, охваченным голубым пламенем ямайского рома.

Как выяснилось вскоре, благородное строение оказалось похоронным домом, который наличествует в каждом американском городочке. Как правило, Funeral Home — это устойчивый уважаемый семейный, передающийся из поколения в поколение бизнес.

Уильям Левитт, изменивший лицо Америки и ставший мультимиллионером, коллекционировавший шедевры живописи, менявший яхты и женщин на них, в конце жизни сделал ставку не несколько неудачных девелоперских проектов за рубежом и обанкротился. Не имея средств на лечение, великий предприниматель умирал в больнице, когда-то построенной на его деньги. Выросшие новые поколения в бесчисленных американских пригородах вряд ли слышали о потомке российских раввинов.

Проницательный Валентин Катаев смог разглядеть прообраз жилья будущего, который назовут в следующем столетии «умным домом»: «Простым нажатием кнопки я мог заказать любую комнатную температуру и влажность, мог узнать прогноз погоды, давление атмосферы, биржевой курс, таблицу спортивных соревнований, рысистых бегов, последние изве-

Современная пригородная застройка

стия, наконец, я мог приказать разбудить себя в определённое время, хотя времени как такового, в общем, не существует. Я был одновременно и человеком, и его жилищем — так много общего было между нами, начиная с заданной температуры наших тел и кончая заранее запрограммированным пробуждением. Сначала пробуждалась комната, потом человек, если у него не было бессонницы».

Именно с этой американской повести Катаева начнётся перерождение маститого советского писателя-классика в свободно пишущего блистательного мастера русской прозы. Катаев по сути отказался от навязанного «соцреализма» и даже выдумал собственный стиль «мовизм». В брежневское цензурное время он будет писать о своём солнечном несоциалистическом детстве, о русских эмигрантах, о тонких, явно «несоветских», чувствах любящих людей и о звероподобной сути чекистов (повесть «Уже написан Вертер» даже станет предметом дискуссии на Политбюро).

Вероятно, для такой метаморфозы в зрелые писательские годы был нужен долгий взгляд за горизонт, возможность неспешно осмыслить себя и собственную жизнь в ночной тишине под звёздами безымянного американского протогорода.

МОТЕЛЬНАЯ ИСТОРИЯ

Маленький серый «фордик» с жёлтым нью-йоркским номером пересекает огромный континент. Меняются пейзажи за окном, климатические зоны и часовые пояса. «Сияющие облака лежали на дороге. Где это было — в Тексасе, Нью-Мексико или Луизиане? Не помню», — занёс Ильф в записную книжку.

Среди тех, кто прочёл «Одноэтажную Америку» в самих Соединённых Штатах был В. В. Набоков. Писатель совершил первую поездку через материк в начале лета 1941 года. США оказались его третьей эмиграцией. Покинувший Севастополь в 1919 году под обстрел наступавшей Красной армии, Набоков начинал литературную карьеру в Берлине. В 1933 году приход к власти нацистов вынудил писателя спасать семью и перебраться во Францию, где были созданы его лучшие произведения на русском языке. Летом 1940 года супруги Набоковы смогли сесть на пароход, идущий в Америку, за две недели до падения Парижа.

Во время первого автомобильного путешествия с восточного на западное побережье США семилетний сын писателя Дмитрий, потерявший счёт семейным переездам и мотелям, на вопрос, где он живёт, сказал, что своего угла у него нет, а живёт он «в маленьких домиках у дороги».

«Америка лежит на большой автомобильной дороге, — писали авторы „Одноэтажной“. — Когда закрываешь глаза и пытаешься воскресить в памяти страну, в которой пробыл четыре месяца, — представляешь себе не Вашингтон с его садами, колоннами и полным собранием памятников, не Нью-Йорк с его небоскрёбами, с его нищетой и богатством, не Сан-Франциско с его крутыми улицами и висячими мостами, не горы, не заводы, не кэньоны, а скрещение двух дорог и газолиновую станцию на фоне проводов и рекламных плакатов».

Отзывавшийся большей частью презрительно о советской литературе, Владимир Набоков отметил в интервью в 1967 году поразительную одарённость Ильфа и Петрова и даже назвал их произведения «совершенно первоклассными». А герой набоковского «Бледного огня» Джон Шейд выразился ещё ярче: «эти гениальные близнецы».

Сергей Гандлевский подметил: «Юмор всех трёх писателей довольно-таки чёрен, его отличает глумливость и вкус к абсурду: глухой, ответственный за звукозапись на киностудии, в „Золотом телёнке“, и Цинциннат, вальсирующий со своим тюремщиком, в „Приглашении на казнь“. Кстати, название помянутой антиутопии Набокова зловещей несуразицей своей перекликается с названием погребальной конторы — „Милости просим“ — в „Двенадцати стульях“».

Рассказывали, что в Корнельском университете профессор Набоков мог заставить аудиторию хохотать до колик, когда открывал роман видного советского прозаика и зачитывал любовную сцену, сопровождаемую описанием роста производственных показателей.

Русский писатель Сирин, превратившийся в американского Nabokov, несомненно, придирчиво изучил «Одноэтажную Америку». Герои «Лолиты», в отличие от ильфопетровских путешественников, совершают первый автомобильный пробег через континент по часовой стрелке, но маршрутом схожим.

В обеих книгах-путешествиях немало отточенных едких строк посвящено пошловатому обывательскому быту американской глубинки. «Не было на тротуарах той весёлой толкучки прохлаждающихся граждан, какую видишь у нас по ночам в сладкой, спелой, гниющей Европе, — писал Набоков. — Громадный градусник с названием слабительного прозябал на фронтоне аптеки. Ювелирная лавка Рубинова щеголяла витриной с искусственными самоцветами, отражавшимися в красном зеркале. Фосфористые часы с зелёными стрелками плавали в полотняных глубинах прачечной „Момент“».

В описании Главной улицы разве что отсутствует крутящийся полосатый цилиндр цирюльного заведения и вывеска в виде большого коренного зуба над офисом дантиста, к мастерству которого писатель испытывал некое суеверное неравнодушие: «откровение, новая заря, полный рот крепкой, деловой, белогипсовой и такой человечной Америки».

После выхода «Лолиты» Набокова обвиняли в неприязни к Америке не менее, чем в «аморальности» его романа. Писатель в ответ говорил, что наивно искать существенные отличия между Старым и Новым Светом, когда дело касается «мещанской вульгарности».

Маленький город

Все эти набоковские «Закаты», «Просторы», «Косогоры», «Медвежьи затоны» и «Шипучие источники», белые дощатые придорожные мотели, где комнаты обставлены в старомодном плюшевом стиле с неизбежной репродукцией Моне или Ван Гога—кто из путешествующих по countryside не останавливался в таких приютах?

Живя на востоке континента, в штатах Массачусетс и Нью-Йорк, преподаватель русской литературы Набоков каждое лето отправлялся в западные штаты Америки. К жажде новых художественных впечатлений примешивался азарт охоты на новые, неоткрытые виды и подвиды чешуекрылых. Биограф писателя Брайан Бойд поведал, что в штате Нью-Мексико Владимира Набокова «чуть было не арестовали за то, что он мазал сахаром фермерские деревья, завлекая определённых мотыльков».

Набоковский «Пнин» — лучший из американских романов о русском эмигранте, который не приобрёл тех специфических качеств, без которых немыслим «настоящий» американский успех. Старомодный, угловатый «неудачник» Тимофей Пнин, преподающий русскую словесность в колледже «одноэтажного» города — в некотором смысле ироничный и лирический реквием по уходящей со сцены великой и трагической послереволюционной русской эмиграции.

Всего этого не могло быть в творчестве Ильфа и Петрова. У сатириков есть фельетон о парижских эмигрантах, их газетах, сплетнях и раздорах. Упоминался в нём, в частности, литературный секретарь Бунина Андрей Седых. В годы Второй мировой войны Седых перебрался в Нью-Йорк и возглавил старейшую в русской эмиграции газету «Новое русское слово» (она просуществовала сто лет). В американских университетах в те годы преподавали Сергей Волконский, Михаил Ростовцев, Роман Якобсон. В 1942 году Марк Алданов и Михаил Карпович стали первыми редакторами легендарного «Нового журнала», за которым стоит целая эпоха живой русской мысли.

У авторов «Одноэтажной Америки» есть пассаж о посещении концерта Сергея Рахманинова в Нью-Йорке. К сожалению, сатирики здесь опускаются до бытовой сплетни: «Рахманинов, как говорил нам знакомый композитор, перед выходом на эстраду сидит в артистической комнате и рассказывает анекдоты. Но вот раздаётся звонок, Рахманинов подымается с места и, напустив на лицо великую грусть российского изгнанника, идёт на эстраду».

Суровый и окончательный писательский приговор Америке вынесен в конце книги: «Мы можем сказать честно, положа руку на сердце: эту страну интересно наблюдать, но жить в ней не хочется». Схожую мысль выражал ещё былинный Садко: «Нет за морем птицы-счастья». Тем не менее, не одно российское поколение за последние полтора столетия вело гадание на вечной ромашке: уезжать — оставаться…

Противоречивая, политизированная тема российской эмиграции в «Одноэтажной Америке» как бы отсутствует. Мир ещё долго будет поделён на «идейных врагов», «попутчиков», «сочувствующих». Илье Арнольдовичу Ильфу удалось повидать своих эмигрировавших одесских родственников, о чём в книге, естественно, не говорилось. В письме жене проскользнула ностальгическая нотка: в доме дяди «ел сладкое еврейское мясо и квашеный арбуз, чего не ел уже лет двадцать».

В заочном диалоге двух литератур поучаствовали многие русские писатели-эмигранты. «Взгляните, — говорит один из персонажей романа Василия Аксёнова „В поисках грустного бэби“, — раньше я жил в городе Ворошиловграде в Ленинском районе на улице Дзержинского — какая безнадёжность. А сейчас, взгляните, я живу на Земле Мэри, у Серебряного Ручья, на улице Сад Роз — какие паруса!»

Русские барьеры были идеологическими и не только. Воевала даже орфография. Ильф и Петров — питомцы нового стиля, громкого, раскованного, реформированного российского наречия. А славянофилы на Гудзоне по-прежнему использовали традиционное русское написание города: Нью Iоркъ.

Эмиграция первой волны стойко держалась не только былой орфографии, но и чуралась языковых заимствований. Как анекдот рассказывали, что джакузи в домах старых эмигрантов именовали «купелью». Самый знаменитый литературный пример у Набокова: в его авторском переводе «Лолиты» на русский отсутствует понятие «джинсы» — героиня одета в «синие ковбойские панталоны».

Первым американским типографом, использовавшим «совдеповский печатный стиль» был одессит, участник Первой мировой войны, георгиевский кавалер Израиль Раузен, переиздавший «Жизнь Арсеньева», а затем сотни других русских книг. Долгое время противившийся «большевистскому правописанию», Иван Бунин горестно восклицал в письме в 1952 году: «Все со всех сторон уговаривают меня согласиться печататься по этой „новой орфографии“… и спешу прекратить мой спор с „Издательством имени Чехова“: набирайте „Жизнь Арсеньева“ по этой ужасной „новой“ орфографии!»

Известная английская писательница Фрэнсис Троллоп путешествовала по США в 1832 году. Её популярная книга остроумных и едких наблюдений «Домашние нравы американцев» открыла традицию литературных путешествий европейцев в Новый Свет. «Существует много причин,— писала образованная миссис Троллоп,— почему развитие литературы в Америке невозможно…»

С тех давних времён к глубинной Америке предъявляются требования необъяснимого свойства. Какие мировые культурные ценности могла или должна была породить Дакота или Небраска? Отметим, что к другим большим странам со схожей парадигмой — англоязычным государствам колонизационного типа (Австралия, Канада) — столь жёсткие критерии не применяются.

Как писал А. Н. Радищев, «Леса бесплодные и горные дебри претворяются в нивы плодоносные и покрываются стовидными произращениями, единой Америке свойственными или удачно в оную переселёнными».

Через сто пятьдесят лет Ильф и Петров по-своему дополнили радищевскую мысль, рассказав, что цивилизация янки создала «среди лунных пустынь» Дикого Запада городки-оазисы «с Мейн-стритом, „Манхэттен-кафе“, где можно выпить помидорного соку, съесть яблочный пирог и, бросив пять центов в автомат, послушать граммофон или механическую скрипку; с универсальным магазином… с кинематографом, где можно увидеть картину из жизни богачей или бандитов, и с аптекой, где подтянутые девушки, щеголеватые, как польские поручики, едят „гэм энд эгг“, прежде чем отправиться на работу».

> Автомобильная поездка по Америке похожа на путешествие через океан, однообразный и величественный. Когда ни выйдешь на палубу, утром ли, вечером ли, в шторм или в штиль, в понедельник или в четверг,— всегда вокруг будет вода, которой нет ни конца, ни края. Когда ни выглянешь из окна автомобиля, всегда будет прекрасная гладкая дорога с газолиновыми станциями, туристскими домиками и рекламными плакатами по сторонам. Всё это видел уже вчера и позавчера и знаешь, что увидишь то же самое завтра и послезавтра…

Заправочные станции и мотели вдоль дорог, естественно, остались и в наши дни, обеспечивая путешествующим ком-

Эдвард Хоппер.
«Заправка» (фрагмент),
1940

фортное чувство об-
житой среды. В самих
мотелях тоже кое-что
изменилось: стали буд-
ничными телевизор
и кофеварка, из двух
обязательных комнат-
ных книг уцелела ком-
пактная Библия в при-
кроватной тумбочке,
но канул в лету пудо-
вый телефонный том
«Yellow Pages». Реклам-
ные щиты по-прежне-
му оживляют или пор-
тят придорожные пейзажи, хотя основным информационным
источником давно служит Цифровая Вселенная.

В 1935 году слово «мотель» ещё не укоренилось в английском языке, поэтому писатели останавливаются в «турист-
гаузах» или частных домах. «Мы ночевали в кэмпах или ту-
ристгаузах, то есть обыкновенных обывательских домиках,
где хозяева сдают приезжающим недорогие чистые комнаты
с широкими удобными постелями,—на которых обязательно найдёшь несколько толстых и тонких, шерстяных, бумаж-
ных и лоскутных одеял,—с зеркальным комодиком, стуло́м-
качалкой, стенным шкафом, трогательной катушкой ниток
с воткнутой в неё иголкой и библией на ночном столике. Хозяева этих домиков—рабочие, мелкие торговцы и вдовы—
успешно конкурируют с гостиницами, приводя их владельцев
в коммерческую ярость».

В 1925 году калифорнийский архитектор Артур Хайнеман
придумал новый тип приюта для автомобильных путешественников, назвав его «Mo-Tel»—комбинация слов «motor»

и «hotel». К этому времени в Штатах уже было множество недорогих частных пансионов, но назывались они вразнобой: «motor court», «автодвор», «тур-отель», «бунгало-двор», «коттедж-корт», «трэвел-лодж». Хайнеман построил первый «Motel Inn» на полпути между Лос-Анджелесом и Сан-Франциско, но не запатентовал своё филологическое изобретение, поэтому все дорожные пристанища такого рода сегодня именуются мотелями.

Когда-то соавторы шутили в «Золотом телёнке»: «Ударим автопробегом по бездорожью и разгильдяйству!» Завуалированный намёк на известный афоризм о «двух бедах России» оказался актуален и через сто лет.

Впрочем, об американских автострадах «мистэр Илф и мистэр Пэтрофф» высказались без тени иронии: «Дороги — одно из самых замечательных явлений американской жизни. Именно жизни, а не одной лишь техники…»

Точно также, как нельзя медленно прогуливаться по улицам Нью-Йорка, так и по Америке нельзя медленно ехать. Даже дисциплинированная путешественница Бекки Адамс всё время норовит превысить скорость. «Среди миллионов автомобилей и мы пролетели от океана до океана, песчинка, гонимая бензиновой бурей, уже столько лет бушующей над Америкой!»

Федеральные трассы, инженерные шедевры столетия, повидали многое и многих. Давно исчезли с них «паккарды», «плимуты» и «студебеккеры», и сильно изменились, пережив все кризисы, «форды» и «кадиллаки». Появление на дорогах американской глубинки продукции японского автопрома показало, что мир уже не будет однополярным. При этом в Америке, при всей её любви к новизне, существует устойчивый спрос на ретро. С наступлением хорошей погоды на дорогах страны и на местных ярмарках появляются ярко раскрашенные модели старинных авто. Но высокородным «принцем» среди них остаётся скромная фордовская модель «Т», «старый Генри», блестящая чёрным лаком и никелем и обязательно ручной сборки, предмет жгучей зависти коллекционеров.

Дороги для американцев стали местами знакомств, разлук и свиданий. Не одно поколение молодых людей обретало первый любовный опыт под сенью вечера на заднем сидении «бьюика» или «олдсмобиля». О сакральной роли машины в семейной жизни янки говорит ильфопетровское описание автосалона 1935 года:

> Стон стоял вокруг этих автомобилей. Хорошенькие худенькие американочки, с голубыми глазами весталок, готовы были совершить убийство, чтобы иметь такую машину. Их мужья бледнели при мысли о том, что сегодня ночью им придётся остаться наедине со своими жёнами и убежать будет некуда. Много, много бывает разговоров в Нью-Йорке в ночь после открытия автомобильного салона! Худо бывает мужчине в день открытия выставки! Долго он будет бродить вокруг супружеского ложа, где, свернувшись котёночком, лежит любимое существо, и бормотать:
> — Мисси, ведь наш «плимут» сделал только двадцать тысяч миль. Ведь это идеальная машина.
> Но существо не будет даже слушать своего мужа. Оно будет повторять одно и то же, одно и то же:
> — Хочу золотой «крайслер»!
> И в эту ночь честная супружеская кровать превратится для мужа в утыканное гвоздями ложе индийского факира.

Русская драма нередко связана с дорогой. Но её участником — от «Анны Карениной» до «Москвы–Петушков» — оказывался вагон. Для американцев, когда-то построивших самую протяжённую железнодорожную сеть в мире, важнее оказались совсем другие «движущиеся декорации».

Сложная кровеносная система нации — многополосные эстакады-аорты, поднятые на железобетонные столбы, сложные развязки-артерии, несущие потоки к разветвлённой системе хайвеев, тернпайков и фривеев, коллатерали, снабжающие экзиты, плазы, драйв-ины, паркинги, гаражи, драйвеи… На одной из ночных дорог Ильф и Петров услышали завораживающую динамичную «великую музыку американского континента»: «Впереди, на длинном уклоне, вытягивается целый движущийся проспект парадных огней, рядом с которыми почти теряются красные фонарики бегущих перед нами автомобилей. Через заднее окошечко машины постоянно проникает нетерпеливый свет догоняющих нас фар».

Можно найти схожие ощущения от американских автострад у Владимира Набокова и в записях Евгения Петрова: «мы в упоении скользили по их чёрному бальному лоску» (в «Лолите») и «на этих дорогах хочется танцевать» (из письма Петрова жене).

Вот ведь парадокс: американцы, более других ценившие время и деньги, стали строить «парквеи», дороги, не ведущие из пункта А прямо в пункт Б, а неторопливые, извилистые прогулочные трассы. Возник удивительный симбиоз: лихорадочная «деловая Америка» и романтические дали, отмеченные обзорными площадками для автомобилей с видами на почти первозданную землю.

Идею «пейзажной дороги» (scenic road) сформировал садово-парковый архитектор Фредерик Ло Олмстед. Среди его творений—Центральный парк в Нью-Йорке, «Изумрудное ожерелье» в Бостоне, ряд блестящих ландшафтных проектов второй половины XIX века. Проповеднику гармонии города и природы удалось привить рациональным согражданам любовь к пейзажным прогулкам. Отсюда начинался долгий роман «авто и пасторали».

«Жизнь у большой дороги интереснее, чем в большом городе»,—говорит в «Одноэтажной Америке» хозяин одного из мотелей. Путешествие Набокова в западные земли страны обладает магией крепко закрученного вестерна: двигаясь к югу от заповедных хребтов, где река Хобак сливается с рекой Снейк, добраться до ранчо Бэтл-Маунтин. После удачной охоты на дневных чешуекрылых остановиться в городке Уилсон, штат Вайоминг, в нескольких милях к западу от Джексон-Хоул, у подножия Титонской гряды. Таков географический фон для написания финала романа летом 1953 года, в котором Гумберт мстит Куильти, всаживая в него одну пулю за другой.

Все исследователи отмечают многослойность текста американского путешествия Ильфа и Петрова, выходящего за рамки очеркового хронотопа. Топографические вехи «Лолиты» также служат предметом пытливых изысканий. Параллели оказываются причудливыми и, в первую очередь, система лейтмоти-

Пейзажная дорога. *Фото И. Ильфа*

вов-антитез обеих книг: Старый Свет и Новый, книжное и реальное, модерн и архаика, цивилизация и массовая культура, фантазии и действительность. И самое главное—«гегельянский юмористический силлогизм», по выражению одного из героев Набокова.

Два дорожных романа, созданных европейски образованными авторами («западниками», в российской терминологии) стали особенными литературными памятниками. Сравнение двух великих цивилизаций, американской и советской, определивших во многом ход истории XX столетия,—одно из достижений Ильфа и Петрова. Другие лишь следовали по следам писателей. Попыток повторить русское литературное путешествие было немало, но никому не удалось превзойти ироничное изящество ильфопетровского травелога.

Литературные открытия Владимира Набокова занимают исключительное место в англоязычной прозе. За сто лет до Набокова Пушкину удался гениальный синтез европейской культуры и русской словесности. Набоков пошёл дальше: осуществил через пространство и время переложение «Евгения Онегина» на язык одноэтажной Америки.

Ряд авторитетных исследователей (Э. Уайт, А. Аппель, П. Мейер) разгадывали сей кроссворд. «Онегин» и «Лолита» начинаются с упоминания занемогшего богатого дяди, оставившего наследство. Основное действие каждого из романов занимает чуть более пяти лет: роман Гумберта с Лолитой начинается с письма Шарлотты и заканчивается письмом Лолиты, которые, подобно письмам Татьяны и Евгения, служат рамкой любовной истории. Набоков точен в деталях: Татьяна просит доставить письмо свою старую няню; Шарлотта также обращается за помощью к прислуге. Оба любовных письма вызывают усмешку главных героев романа: они составлены из клишированных фраз, заимствованных из популярной беллетристики своего времени и французских фразеологизмов из дамских любовных романов.

Излюбленный набоковский приём—выстраивание изысканно-симметричной композиции. Именины Татьяны и день рождения Лолиты—соответственно 12 и 1 января—историческое различие реформированного календаря. Обе героини претерпевают метаморфозы, превращаясь из юных провинциалок в опытных и недоступных женщин. Оба героя к этому времени возвращаются из продолжительных путешествий, чтобы объясниться в любви—и быть отвергнутыми. Антиподы главных героев, Ленский и Куильти, как мы помним, писали пошловатые «туманные стихи», подражая немецким романтическим балладам. Сцена дуэли-убийства в обоих случаях носит фарсовый оттенок. В русском переводе «Лолиты» Куильти перед гибелью процитирует третью строфу «Евгения Онегина».

Илья Ильф и Евгений Петров, насмешники в рамках советской системы, с живым одесским юмором и тонким пониманием границ политической сатиры, разбрасывают иносказания и отсылки-аллюзии по всей книге, предлагая читателю самому делать выводы. Владимир Набоков ведёт со своим читателем интеллектуальную игру, перемещая пушкинские персонажи в североамериканские декорации. На неоглядных просторах великой страны нашлось немало мест для интертекстуальных загадок, тайн и литературных шифров.

МЕЖДУ СУШЕЙ И ВОДОЙ

"**Н**ью-Орлеан можно было бы назвать американской Венецией (ведь он, подобно Венеции, стоит на воде), если бы только многочисленные его каналы не были упрятаны под землю,—авторам „Одноэтажной Америки" здесь явно понравилось.—Город широко распространился на низменном перешейке между Миссисипи и озером Пончертрейн. От места впадения Миссисипи в Мексиканский залив до города—девяносто миль. Ближе к заливу не нашлось ни одного местечка, где можно было бы построить город. Но и там, где он построен, почва представляет собой наносную илистую глину. Город всегда страдал от наводнений и лихорадок. Вода, которая принесла ему богатство, одновременно сделала его несчастным. В течение всей своей жизни город боролся с самим собой, боролся с почвой, на которой он построен, и с водой, которая его окружает со всех сторон...»

В Новый Орлеан едут не столько за впечатлениями, сколько за тонкими рефлексиями.

Французский квартал

201

Место притяжения всех туристов—«Старый квартал» (Vieux Carre), или French Quarter, Французский квартал. Оба топонима обозначают одно из самых колоритных мест на американской карте. В старом, латинском уголке Нью-Орлеана явственно присутствует «гений места», прародитель джаза и коктейля, водивший пером многих литераторов.

Приехавший сюда коммерческий агент Томас Майн Рид изобрёл этот город как литературный сюжет:

> Новый Орлеан распадается на два совершенно несхожих между собой города. И в том и в другом имеется своя биржа, свой особый муниципалитет и городские власти; и в том и в другом есть свои кварталы богачей и любимый проспект, или променад, для щёголей и бездельников, которых немало в этом южном городе, а также свои театры, бальные залы, отели и кафе. Но что всего забавнее—достаточно пройти несколько шагов, и вы уже переноситесь из одного мира в другой.

Новый Орлеан насыщен историей, как тропической влагой. Сначала здесь появился французский колониальный форт, названный в 1718 году в честь герцога Филиппа Орлеанского, регента при малолетнем Людовике XV. Затем сюда, на южные берега Миссисипи, отправил своих персонажей автор знаменитой «Манон Леско».

Французские власти в Луизиане на некоторое время сменялась испанскими, что лишь добавляло «средиземноморского» колорита городу. В конечном итоге, весной 1803 года Наполеон решил продать обширные земли Луизианы Соединённым Штатам. По легенде, спонтанное решение император принял, лёжа в горячей ванне. Спустя годы «аутентичная» наполеоновская мраморная ванна выставлялась в одном из новоорлеанских отелей—коммерческий трюк, которому позавидовали бы самые способные из ильфопетровских «детей лейтенанта Шмидта».

Старый Нью-Орлеан действительно схож с Венецией, во всяком случае трехвековая изрядная потёртость декораций ему к лицу. Нигде так не выражена тяга к чувственным наслаждениям: в улочках рядом с католической твердыней—трех-главым собором на площади—расположились увеселительные заведения и шумит языческий карнавал. Метафора «высо-кой воды» здесь реальна, ибо город расположен ниже уровня Миссисипи, и лишь система дамб отделяет его от затопления. Орлеанские каналы давно засыпаны; осталось лишь название широкой Canal Street, отделяющей «галльскую» часть города от англосаксонской.

«Город распланирован необыкновенно просто. Улицы, иду-щие параллельно реке, повторяют изгиб, который река делает в этом месте, и имеют форму полумесяца»,—рассказывают Ильф и Петров. Отсюда одно из прозвищ Нового Орлеана—город-серп (или город-круасан). «Трудно сказать, насколько в Нью-Орлеане сохранился французский дух, но на Канал-стрит выходят улицы Дофина, Тулузы, Рояль и есть даже Ели-сейские поля».

«Пусть текут весёлые деньки»—одно из самых известных выражений города-раблезианца. Здесь почитают целый сонм больших и малых святых, но празднества—от Двенадцатой ночи до Жирного вторника—больше напоминают булгаков-ский бал полнолуния. В искусительных витринах Вье-Каре бусы, блёстки, маски—та мишура, которую никому не при-шло бы в голову продавать или покупать где-нибудь в другом американском мегаполисе. По легенде, три цвета карнавала Марди Гра—зелёный, золотой и фиолетовый—придумал ве-ликий князь Алексей Александрович. Сын и брат царя, «гранд-дюк Алексис» прекрасно вписался в легкомысленную атмо-сферу города—гедонист, повеса, бонвиван, которому было скучно в своей северной столице.

Ильф и Петров описывают французскую часть города, «не-ряшливую, как старый Париж, с узкими уличками, малень-кими аркадами на тонких деревянных столбах, лавчонками, невзрачными на вид ресторанчиками с первоклассной фран-цузской кухней, портовыми кабаками, булыжником и улич-ными прилавками, заваленными овощами и фруктами...»

В Нью-Орлеане есть даже не одна, а две традиционные кух-ни: креольская и кейджун. Если сильно упрощать, то одна из них пряная, а другая — острая, но за обеими — долгая и сложная политико-географическая история, смесь материков, морей и культур, породившая невероятную вкусовую мозаику: гамбо, джамбалайя, помпано, тассо.

Венецианская республика долгое время боролась с пиратами и заключала с ними временные союзы. Новый Орлеан охотно рассказывает истории о корсарах Жана Лафита, предводителя морских разбойников и спасителя города от нашествия британских войск. Как отметил Майн Рид, «эпитет *прозаический* менее всего подходит к этому городу». Топкие берега Миссисипи полны собственных мистических тайн и легенд: старейший в стране монастырь (ордена урсулинок), дом Наполеона (здесь собирались спрятать императора после готовящегося его бегства с острова Св. Елены), культ «королевы вуду» Мари Лаво.

Различия между Адриатическим и Карибским морем, конечно, существенные. Великие венецианские живописцы с удовольствием изображали златокудрых куртизанок в качестве мадонн как часть вечного праздника жизни. Эдгар Дега, искавший вдохновения в Нью-Орлеане, запечатлел семейный бизнес в хлопковой конторе на Канал-стрит. Его цветовая гамма — контраст белого и чёрного, что так характерно для столицы «белого золота» и работорговли.

«У Венеции был дар развивать чужие дарования, — писал Пётр Вайль, — тут расцветали иммигрантские таланты, подобно тому как становятся Нобелевскими лауреатами англичане и японцы из американских лабораторий, олимпийскими чемпионами — африканцы из американских университетов. Умение всё обратить себе на пользу, в зависимости от точки зрения, вызывает восхищение или ненависть. Во всех случаях — зависть, страх, почтение. Из Венеции XV–XVI столетий передаётся эстафета в Штаты столетия двадцатого. Собственно, Венеция во многом и была Америкой Ренессанса»

Наполеон раздавил Венецианскую республику и продал Луизиану с Новым Орлеаном, оставив обоим городам хранить своё грешное и праздничное наследие. «Когда святые маршируют» — гимн самого бесстыдного американского города. Ин-

Собор Св. Людовика

тересно, что в комедии «Весёлые ребята» Л. Утёсов обыграл рождение джаза в сцене похоронной процессии, когда по мере приближения к кладбищу музыка веселела — так было на берегах Миссисипи.

Католические миссионеры на заре колонизации требовали от губернатора Луизианы выслать «продажных женщин» из города. Французский губернатор горько посетовал: «Тогда в Нувелль де Орлеанс не останется женщин». На существование «весёлых домов» здесь во все времена смотрели сквозь пальцы — развитию джаза всё это шло на пользу. Да и само слово jazz изначально обозначало самый плотский из грехов. «Как будто лили любовь и похоть медью труб», — выразился молодой Маяковский.

В 1840 году Новый Орлеан украсился двумя приметными заведениями. Моряк и авантюрист дон Хосе «Пепе» Люлла открыл лучшую в городе школу фехтования — в жаркой Луизиане дрались на дуэлях плантаторы и офицеры, адвокаты и газетные издатели. Поединки назначались буквально в тени собора Св. Людовика и городской ратуши Кабильдо, где прошла историческая церемония передачи Луизианы от французов к американцам.

Занесённая из Старого Света «болезнь чести» уносила много жизней. Говорят, что «Пепе» Люлла отправил на тот свет десятки противников. Ещё говорили, что учитель фехтования владел небольшим кладбищем Св. Винцента, на котором за свой счёт хоронил поверженных им дуэлянтов. Сам «Пепе» умер в своей постели от местной скоротечной лихорадки.

Прибывший из Марселя Антуан Альсиатор в том же 1840 году открыл во Французском квартале заведение изысканной кухни — на сегодня старейший ресторан Америки, которым владеет одна семья. Все блюда здесь созданы по рецептам Антуана и его сына, великого кулинара Жюля, которому горожане поставили бронзовый бюст.

Оба возникших на зыбком пограничье суши и воды города расцвели на контрабандных промыслах Запада с Востоком. Рождённый французской экспансией Новый Орлеан стал воротами главной реки континента, окном в Вест-Индию, посредником между восточными американскими штатами и западными территориями. Старый пароход как метафора былого величия вплывает в текст «Одноэтажной Америки»:

> Неожиданно из-за деревянной пристани выдвинулось очень высокое и длинное белое сооружение, в котором не сразу можно было опознать пароход. Он прошёл

мимо нас, вверх по реке. Совсем близко к носу высились две высокие трубы, поставленные рядом, поперёк палубы, украшенные завитушками и похожие на чугунные столбы какой-нибудь монументальной ограды. Пароход приводился в движение одним громадным колесом, расположенным за кормой.

— Последний из могикан,— сказал мистер Адамс.— Теперь на таких пароходах ездят только для отдыха и развлечения, и то очень редко.

Новый Орлеан—единственный из американских городов, который может соперничать с Нью-Йорком по частоте литературных аллюзий. Уолт Уитмен, Шервуд Андерсон, Трумэн Капоте, Торнтон Уайльдер, Уильям Фолкнер—ряд великолепный, но ярче всего душа города проявилась в драматургии Теннеси Уильямса. Нью-Орлеан оказался ближе динамике пьесы, нежели романа. В декорациях первой сцены «Трамвая „Желание“» Уильямса разворачивается луизианская драма: «Из-за белого, уже набухающего мглой дома, небо проглядывает такой несказанной, почти бирюзовой голубизной, от которой на сцену словно входит поэзия, кротко унимающая всё то пропащее, порченое, что чувствуется во всей атмосфере здешнего житья. Кажется, так и слышишь, как тепло дышит бурая река за береговыми пакгаузами, приторно благоухающими кофе и бананами. И всему здесь под настроение игра чёрных музыкантов в баре за углом. Да и куда ни кинь, в этой части Нью-Орлеана, вечно где-то рядом, рукой подать,—за первым же поворотом, в соседнем ли доме—какое-нибудь разбитое пианино отчаянно заходится от головокружительных пассажей беглых коричневых пальцев. В отчаянности этой игры—этого „синего пианино“ бродит самый хмель здешней жизни».

Бланш Дюбуа, главная героиня пьесы, «леди в белом»—трагическое олицетворение потерпевшего поражение плантаторского Юга: французские корни, аристократическое наследие Дикси, смесь романтизма и чувственности, гибель в столкновении с агрессивной и вульгарной цивилизацией «простых людей». Как указывает автор пьесы, ближе к финалу «всё слабее

Городской трамвай

и слабее звучат аккорды „синего пианино“, которому подпевает труба под сурдинку».

В венецианской экскурсии осмотр Дворца дожей начинается напыщенной Золотой лестницей, но заканчивается вызывающей озноб тюрьмой. Двуединый образ города разделяет только короткий, как жизнь, Мост вздохов. В Новом Орлеане, который вывел Теннеси Уильямс, проводником из одного мира в другой служит трамвай. Один из них идёт до улицы Желание. На местных Елисейских полях можно сделать пересадку на другой, который заканчивает маршрут на кладбище.

«Город лежит на метр с лишним ниже уровня реки — пишут Ильф и Петров. — В нём нет ни одного сухого места, где можно было бы хоронить умерших. Где только ни пробуют рыть землю, обязательно находят воду. Поэтому людей здесь всегда хоронили на манер древних египтян — в саркофагах, над землёй».

В беззаботном Новом Орлеане, как показал Т. Уильямс, постоянно присутствует тема смерти. «Flores. Flores para los muertos…» — в чёрной шали, слепая, словно сама судьба, бредёт по улице торговка неживыми цветами для кладбища. «Жарким и светлым январским днём» на старинном городском кладбище Сен-Луи, куда сейчас водят туристов, произошёл самый трагический разговор соавторов «Одноэтажной Америки», когда старший из них сказал о близости его земного конца.

Кабильдо — старая мэрия Нью-Орлеана

Иосиф Бродский в «Набережной неисцелимых» писал:

> …если мы действительно отчасти синоним воды, которая точный синоним времени, тогда наши чувства к этому городу улучшают будущее, вносят вклад в ту Адриатику или Атлантику времени, которая запасает наши отражения впрок до тех времён, когда нас уже давно не будет.

Печаль здесь не тяжелее утренней дымки над Миссисипи, ибо сегодня к вечеру вновь зажжёт огни улица Бурбонов и заново прозвонит на перекрёстке старенький трамвай «Желание». Новый Орлеан тем и хорош, что обязательно вызовет воспоминания—идущей из глубины души мелодией блюза, тонким ароматом неведомого цветения, мистическим откровением лунной ночи, недосказанной историей Французского квартала.

«АНГЕЛ БЕЗ КРЫЛЬЕВ»

Никто из больших русских писателей, посетивших Америку, не владел в достаточной степени английским. Все воспринимали страну сквозь призму перевода. В этом смысле название повести В. Короленко «Без языка», созданной после поездки в США, весьма символично.

«Византия,—писал Константин Леонтьев,—представляется чем-то сухим, скучным… потому что среди русских не нашлось писателя, который бы посвятил ей свой талант». Нечто похожее случилось и с русскими образами Америки. У Горького Соединённые Штаты—царство мамоны, у Есенина ещё хуже: «Кроме фокстрота, здесь почти ничего нет, здесь жрут и пьют, и опять фокстрот». Маяковский предлагал закрыть Америку, слегка почистить, а потом опять открыть—вторично.

Ильфу и Петрову удалось избежать поверхностных оценок, свойственных путешествующим, в силу двух причин. Они дольше других русских писателей задержались в стране. Главное же—у них был необыкновенный сопровождающий, ставший третьим соавтором книги. «Маленький, плотный, с удивительно крепким, почти железным телом» американский гид—подарок судьбы для Ильфа и Петрова. «Он работал на Днепрострое, в Сталинграде, Челябинске, и знание старой России позволило ему понять Советскую страну так, как редко удаётся понять иностранцам».

Ильф и Петров могли не знать или, скорее всего, решили не рассказывать настоящую биографию русскоязычного американца. «Сумбурный чудак» мистер Адамс, «любопытству которого могли бы позавидовать ребёнок или судебный следователь», попадает в разного рода затруднительные положения, как и полагается герою романа-путешествия. Апофеозом его злоключений стал эпизод с витриной автомобильного магазина в Гэллапе: вместо дверей рассеянный Адамс с вселенским грохотом прошёл сквозь стеклянную витрину, но отделался одним порезанным пальцем.

На образ словоохотливого и неуклюжего американского чичероне приходится основная часть ильфопетровского юмора положений, иронии и гротеска. «От конфуза у него слетела шляпа, и его круглая голова засверкала отражённым светом осеннего нью-йоркского солнца».

Настоящее имя третьего героя романа Соломон (Залман) Абрамович Трон (Trone). Он родился подданным Российской империи в мае 1872 года в Митаве (ныне Елгава, Латвия). Еврейская учительская семья, в которой было шестеро детей, считалась культурной: дома говорили не на идише, а на немецком, который был вторым языком в Курляндской губернии. Известно, что в юности Соломон постигал электромеханические дисциплины в Бельгии, Германии и Рижском политехническом институте. Вскоре толкового инженера, знавшего несколько языков, взяли в российское отделение компании «Дженерал Электрик» («Русское общество Всеобщей компании электричества»). Работа на американцев дала Трону возможность вырваться из черты оседлости и жить в столице. Инженер-электрик Трон запускал трамвай в Санкт-Петербурге и одновременно посещал подпольные социал-демократические кружки.

1905 год, «Кровавое воскресенье», переломило судьбу России и биографию Соломона Трона. В то утро, 9 января, он был в толпе празднично одетых рабочих с семьями, идущих

Соломон Трон. *Снимок И. Ильфа*

Штаб-квартира «Дженерал Электрик» в Скенектеди

с петицией к Зимнему дворцу и остановленных солдатскими ружейными залпами у Нарвских ворот. На окровавленном снегу осталась лежать его невеста Александра.

О русских годах инженера Трона сохранились отрывочные сведения, которые собрал канадский архивист Дэвид Ивенс в книге «The Man Who Sold Tomorrow». Известно, что некоторое время Соломон, действительный член Русского технического общества, провёл в царской тюрьме. Вероятно, от каторги его спасло заступничество руководства «Дженерал Электрик». В начале 1912 года Трон эмигрировал в США, работал в Скенектеди, получил американское гражданство.

Весной 1917 года, после Февральской революции, политические эмигранты начали возвращаться в Россию. Соломон знал некоторых из них, в частности Троцкого и Бухарина, по нью-йоркским социалистическим кружкам. Трон вернулся на родину в качестве директора русского отделения «Дженерал Электрик». Словно Фигаро, он был в столице и в разных частях неспокойной страны, контактировал с деловыми кругами, представителями Временного правительства и с революционерами разного толка. Романтические и демократические идеалы молодости останутся с Троном на всю жизнь, поэтому октябрьские события в Петрограде он встретил с надеждами на преобразование бывшей империи.

США первыми из стран дипломатически признали Временное правительство, но следующие пятнадцать лет отказывались признавать режим большевиков. Однако всемогущая «Дженерал Электрик» пыталась делать бизнес с любой властью. Ещё во время гражданской войны, в 1920 году, Ленин отчеканил формулу: «Коммунизм—есть советская власть плюс электрификация всей страны». Встречавшийся с вождём писатель-фантаст Герберт Уэллс отметил: «В какое бы волшебное зеркало я ни глядел, я не могу увидеть эту Россию будущего, но невысокий человек в Кремле обладает таким даром».

«Мечтатель из Скенектеди» Трон в числе многих либеральных интеллектуалов верил в высокие идеалы просвещения и в объединяющий народы мировой технический прогресс. В советской стране западных симпатизантов в те годы именовали «попутчиками». Глава русского отделения «Дженерал Электрик» Соломон Трон стал активным проводником идеи электрификации СССР (так называемый «План ГОЭЛРО») при помощи западных технологий.

К этому времени на стол главы Федерального бюро расследований Дж. Эдгара Гувера легло первое досье на Трона. Его считали «агентом красных». В США разворачивались преследования левых радикалов разного толка, шли аресты, судебные процессы и массовые депортации из страны. Трону удалось избежать неприятностей благодаря тому, что «Дженерал Электрик» перевела инженера на работу в Германию.

Мистер Адамс с юмором рассказывал Ильфу и Петрову, что мечтал разбогатеть к старости и выбрал для вкладов «два самых почтенных страховых общества в мире—петербургское общество „Россия" и одно честнейшее общество в Мюнхене. Сэры! Я считал, что если даже весь мир к чёрту пойдёт, то в Германии и России ничего не случится». В России грянули революции, и надёжное страховое общество перестало существовать, а в его просторном здании на Лубянке разместилось ведомство Дзержинского. Честнейшая мюнхенская контора в 1922 году выплатила американцу положенные четыреста тысяч марок. На них в поражённой инфляцией Германии можно было купить один коробок спичек.

«Открытие Днепрогэса».
Мозаика станции метро «Киевская» в Москве

Мы никогда не узнаем причину появления литературного псевдонима «мистер Адамс». Выбор фамилии героя для «Одноэтажной Америки» мог быть случаен (интересно, что имя мистера Адамса, в отличие от его жены Бекки, не называется). Тем не менее, в Чикаго супруги Трон наверняка рассказали Ильфу и Петрову биографию самой известной в те годы американской женщины Джейн Аддамс и показали её детище «Халл-Хаус». Для Соломона миссис Аддамс была кумиром — литератор, праведница, реформатор. Хрупкого здоровья, с изувеченным туберкулёзом позвоночником, она активно занималась самыми разными общественными проблемами: от борьбы за предоставления женщинам избирательного права до учреждения профессии «социальный работник». Первая американка — лауреат Нобелевской премии мира Джейн Аддамс в ряду многих начинаний, создала в одном из бедняцких районов Чикаго поселение «Халл-Хаус». Не одно поколение иммигрантов с благодарностью вспоминали «святую Джейн». Её революционный проект из тринадцати зданий, ставший образцом для подражания (в том числе и в Москве), включал вечернюю школу и курсы английского, приют для молодых работниц и детский сад, библиотеку и баню, коммунальную кухню и мастерские по обучению новоприбывших разным профессиям.

В 1930 году инженер Соломон Трон в числе других американцев налаживал гидротурбины на Днепрогэсе, в то время крупнейшие в Европе. Одна из важнейших строек страны стала венцом его технической карьеры в СССР. В конце 1930 года Трон сидел в Колонном зале Дома Союзов в числе приглашённых иностранцев на процессе «Промпартии» — одном из первых московских постановочных расправ над «шпионами и вредителями». Понимал ли он суть происходящего? Верил ли «признательным» показаниям подсудимых, которых он знал по работе?

Максим Горький по горячим следам послал из Италии письмо Сталину («Замечательно, даже гениально поставлен процесс вредителей») и поддержал судилища пьесой «Сомов и другие». Маяковский на следующий день после вынесения приговора по «Шахтинскому делу» (1928) опубликовал большое стихотворение «Вредитель»:

И он,
　　скарежен
　　　　классовой злобою,
идёт
　　неслышно
　　　　портить вентилятор,
чтобы шахтёры
　　выли,
　　　　задыхаясь по забоям,
как взаперти
　　мычат
　　　　горящие телята...

Ко времени случайной или подготовленной встречи с Ильфом и Петровым в Нью-Йорке осенью 1935 года Трон вышел на пенсию, хотя все, видевшие его, отмечали необыкновенную жизненную энергию инженера. Вероятной причиной его неожиданного разрыва с «Дженерал Электрик» была политика сотрудничества корпорации с Италией и Германией. Иметь дела с правительствами Муссолини и Гитлера инженер Трон не желал.

Для Ильфа и Петрова Соломон Абрамович действительно стал «ангелом без крыльев». Либерал-интеллигент, прекрасно знавший жизнь в Америке и России, буквально «вёл их за руку», вовлекал писателей в увлекательное интеллектуальное путешествие по неизведанной цивилизации. Без этого словоохотливого сангвиника с вечным возгласом «Шурли!» книга «Одноэтажная Америка» в том виде, в котором мы её знаем, не смогла бы состояться.

...утром, ровно в семь часов, осуществляя своё неоспоримое право капитана и главаря экспедиции, он шумно входил к нам в комнату, свежий, выбритый, в подтяжках, с капельками воды на бровях, и кричал:

— Вставать, вставать, вставать! Гуд монинг, сэры!

Нам уже никогда не узнать, какие дебаты велись в сером «форде» на просторах североамериканского континента. Эти долгие дорожные разговоры без лишних ушей могли бы привнести в книгу острый привкус времени. Думается, что многие из суждений общительного и образованного эмигранта вошли без кавычек в текст «Одноэтажной». Более того, некоторые политически неудобные оценки и сравнения двух стран озвучены не авторским голосом, а вкладываются в уста мистера Адамса:

> И знаете, сэры, что я хочу вам сказать ещё? Я хочу вам сказать, что это страна, в которой вы всегда можете спокойно пить сырую воду из крана, вы не заболеете брюшным тифом,— вода всегда будет идеальная. Это страна, где вам не надо подозрительно осматривать постельное бельё в гостинице,— бельё всегда будет чистое. Это страна, где вам не надо думать о том, как проехать в автомобиле из одного города в другой. Дорога всегда будет хорошая. Это страна, где в самом дешёвом ресторанчике вас не отравят. Еда, может быть, будет невкусная, но всегда доброкачественная. Это страна с высоким уровнем жизни.

В дни большого литературного путешествия, в мрачном вашингтонском здании бывшей тюрьмы времён Гражданской войны, миссис Рут Биласки Шипли изучала дело Трона. Влиятельная чиновница, глава федеральной паспортной службы, миссис Шипли подыскивала подходящий повод для депортации «большевика». Прозванная в столице «царицей паспортов», она лично знакомилась с бумагами каждого из «неблагонадёжных» и выносила суровый вердикт. Некоторые из её досье отправлялись в кабинет главы ФБР Эдгара Гувера. Известен случай, когда Рут Шипли отказала в паспорте знаменитому учёному-химику Лайнусу Полингу, когда тот собирался в Европу за своей второй Нобелевской премией.

В отношении Трона решение откладывалось годами, ибо серьёзных улик «антиправительственной деятельности» инженера не находилось, а за него ходатайствовали видные чиновники и дипломаты по обе стороны океана. Технократ с огромным международным опытом, владевший в совершенстве английским, немецким и русским, был нужен многим. Тем не менее свидетели, видевшие вашингтонское досье миссис Шипли на Трона, говорили, что оно отличалось внушительным размером.

Стоп! — крикнул вдруг мистер Адамс. — Нет, нет! Вы должны это посмотреть и записать в свои книжечки.

Машина остановилась.

Мы увидели довольно большой жёлтый плакат, вдохновлённый не одной лишь коммерческой идеей. Какой-то американский философ при помощи агентства «Вайкин-пресс» установил на дороге такое изречение: «Революция — это форма правления, возможная только за границей».

Мистер Адамс наслаждался.

— Нет, сэры! — говорил он, позабыв, на радостях, о своей шляпе. — Вы просто не понимаете, что такое реклама в Америке. О, но! Американец привык верить рекламе. Это надо понять. Вот, вот, вот. У нас революция просто невозможна. Это вам говорит на дороге как непогрешимую истину агентство «Вайкин-пресс». Да, да, да, сэры! Не надо спорить! Агентство точно знает.

В годы Второй мировой войны Соломон Трон работал экономическим советником гоминдановского правительства в Китае. Американцы рассматривали «умеренного» Чан Кайши сильным противовесом коммунистам сталинского типа под руководством Мао Цзэдуна. Официально Трон числился представителем Центрального банка Китая. Военная победа китайских коммунистов привела к тому, что Трон в 1949 году покинул страну. Следующей его миссией была Индия, где инженер работал советником первого премьер-министра страны Дж. Неру.

Во всём изложенном присутствует какая-то тайна. Словоохотливый экстраверт, легко заводящий знакомства, объездивший целый свет, никому не рассказывал о своей работе

218

за морями, даже своим домашним. Все факты его биографии подкрепляются лишь косвенными свидетельствами. Возникает и самый жгучий для исследователя вопрос: подвергался ли Соломон Абрамович вербовке советских спецслужб или же иностранный отдел ГПУ–НКВД лишь пристально десятилетиями наблюдал за его разнообразной деятельностью? Ответ на этот и многие другие вопросы лежит в Москве, в архивах спецслужб, по сей день хранящих гриф «Секретно».

В 1984 году известный нью-йоркский журналист и писатель Марк Поповский смог записать небольшое интервью с миссис Трон, которое было опубликовано в эмигрантском журнале «Грани». Спустя двадцать лет Владимир Познер, планируя своё 16-серийное телепутешествие «Одноэтажная Америка», также попытался сделать интервью с «Бекки Адамс», которая была уже в очень преклонных годах. Несмотря на всё профессиональное мастерство журналиста, разговор не сложился и в телефильм не вошёл. Как и двадцать лет назад, вдова Трона не захотела ответить на вопросы о муже, о своей биографии, о непростых политических решениях супругов. Утверждала только, что в «Одноэтажной Америке» Ильф и Петров многое выдумали.

Приведём слова хорошо говорившей по-русски миссис Трон из интервью 1984 года:

> Ильф и Петров не умели писать иначе. Они хотели забавлять публику. В этом они были похожи на Марка Твена. Для юмора им были нужны смешные факты. Так под их пером мы стали смешными. Нет, мы не обижались. Ведь это был роман, где мы были укрыты под чужой фамилией. Мой муж не был комичным человеком, каким его изобразили. Он никогда не был рассеянным. Он был занят серьёзными большими проблемами: экономическими, политическими, историческими, литературными…И эпизодов с потерянной шляпой, которую якобы пересылали по почте вслед за нами, тоже не было. Он не носил шляп. И внешность его была другая, и поведение другое.

В попытке приблизиться к истине мы можем только сравнивать литературные источники, анализировать цитаты, полагаться на шаткую историческую интуицию. Два взаимоисключающих пассажа оставляют нас наедине с тайнами ушедшей эпохи.

> Мистер Адамс… говорил почти без перерыва весь день. Он, вероятно, согласился с нами ехать главным образом потому, что почувствовал в нас хороших слушателей и собеседников. Но вот что самое замечательное — его никак нельзя было назвать болтуном. Всё, что он говорил, всегда было интересно и умно. За два месяца пути он ни разу не повторился. Он обладал точными знаниями почти во всех областях жизни.

Биограф «мистера Адамса» Дэвид Ивенс писал:

> Супруги Трон постоянно переглядывались, словно спрашивая друг друга, о чём безопасно говорить. Знай писатели об участии Трона в событиях 1917 года или же сколь много он ведал о людях, проводивших в то время политические чистки в Советском Союзе, Ильф и Петров могли бы дважды подумать о совместном путешествии с Троном. В беседах с писателями он умолчал о многих вещах.

О ДВУХ СТОЛИЦАХ

Большинство городов на земле возникает и развивается под влиянием стихийных социальных и географических факторов. Но история знает случаи, когда город появлялся как некое «социальное изобретение», как осуществление определённого замысла или политической идеи. Именно так, волею царя Петра I, возник Санкт-Петербург. За семьдесят три года до этого на другой «окраине цивилизации» был основан Бостон. Дикие болотистые земли и тяжкий труд первых поселенцев стали фоном для начальных страниц биографии «северных столиц».

Ильф и Петров не побывали в одном из самых старых и именитых городов континента. Их маршрут из штата Нью-Йорк вёл на запад, в сторону Великих озёр. Бостон, столица штата Массачусетс и крупнейший город Новой Англии, остался за спиной, на восточном берегу континента. Федеральную же столицу Соединённых Штатов писатели смогли увидеть в самом конце долгого турне.

Бостон и Вашингтон ярко выразили две разные идеи «стольного города», европейскую и американскую. Правовед и теолог Джон Уинтроп, приведший в 1630 году на берега бостонского залива первых поселенцев, призвал единоверцев возвести «Град на Холме». Пуританский Бостон провозгласил разрыв с английской метрополией и её политико-религиозными устоями. В схожем случае закладка Санкт-Петербурга символизировала разрыв со старым государством, с московским боярством и церковниками. Поэтому судьба обоих городов воспринималась их жителями как ключевой факт национальной истории, а Достоевский даже назвал Петербург «самым умышленным городом в мире».

Капитолий штата Массачусетс в Бостоне

В эссе «Путеводитель по переименованному городу» Иосиф Бродский писал: «Изображение внутреннего и духовного интерьера города, его влияния на людей и их внутренний мир стало основной темой русской литературы почти со дня основания Петербурга... В контексте тогдашней русской жизни возникновение Санкт-Петербурга было равносильно открытию Нового Света: мыслящие люди того времени получили возможность взглянуть на самих себя и на народ как бы со стороны».

Первый морской порт, связавший британские колонии со странами всего мира, Бостон стал американским «окном в Европу». Его бурное развитие оказало большое влияние на американскую культуру и национальное самосознание. На бостонской сцене разыгрались первые акты революционной драмы Америки в XVIII столетии, за что город иногда называют «исторической столицей США».

«Столичный» характер Бостона утверждался не только его лидирующей ролью в торговле и политической жизни американских колоний, но и существованием здесь старейшего в стране Гарвардского университета и основанием Американской академии искусств и наук. Первая американская газета и старейший литературный журнал увидели свет на берегах реки Чарльз. Через бостонское «окно в Европу» проникли в Новый Свет идеи западноевропейского Просвещения, что оказало колоссальное влияние на развитие новой нации.

Пуритане и диссиденты, проповедники и негоцианты, пираты и ведьмы, бунтари и сочинители—не каждый из портовых городов Старого Света может сравниться с бостонской родословной. Как говорил в позапрошлом веке Оскар Уайльд, американцы уже двести лет шутят о своей молодости.

В любом из «повенчанных с морем» старых городов заметны топонимические изыски. Главный променад Венеции— Славянская набережная, а поблизости от неё—Площадь двух Америк. В Бостоне долгое время существовали рядом Индийский причал и Русская верфь, откуда уходили за океан корабли оборотистых янки с названиями «St. Petersburg», «Ladoga», «Cronshtadt»...

Логика исторического развития сделала и Петербург, и Бостон самыми европейскими городами в своих странах. Гоголь в 1836 году, рисуя «общее выражение Петербурга», находил его сходство с «европейско-американской колонией». Новая Англия во всех отношениях тяготела к бывшей метрополии больше, чем какая-либо иная часть США. При всём различии в образе жизни обитателей домов Английской набережной Санкт-Петербурга и аристократических кварталов Бикон-Хилл в Бостоне, просвещённое общество обеих столиц следовало европейским культурным образцам. Достаточно вспомнить первую главу «Евгения Онегина», которая, перефразируя известное определение, являет собой «энциклопедию английской моды в русской жизни».

Схожим в исторической судьбе двух северных столиц оказалось и то, что в разное время они пережили резкое снижение политико-экономического статуса: Бостон — от крупнейшего города и порта Америки до полупровинциального затишья, Петербург — от имперского величия до «города с областной судьбой»… «Духовно этот город всё ещё столица, — писал о Петербурге Бродский, — он в таком же отношении находится к Москве, как Флоренция к Риму или Бостон к Нью-Йорку».

Вашингтон, также основанный на «мшистых топких берегах», возник в результате чисто американского политического компромисса. Зимой 1788 года штат Мэриленд выделил 10 кв. миль территории для строительства новой федеральной столицы. При этом каждый шаг в закладке города сопровождался ожесточёнными спорами. Американские «отцы-основатели», запечатлённые в бронзе и мраморе, выглядят сегодня сплочённой когортой великих мужей. На деле, у истоков атлантической республики стояли непримиримые, часто враждовавшие оппоненты.

Первые годы истории Соединённых Штатов отмечены балансированием на грани развала аморфной конфедерации. Местоположение федеральной столицы обозначило консенсус — на полпути между Джорджией (пограничьем Юга) и Массачусетсом (лидером Севера). Отцами географической сделки на благо страны были соперники и недруги в первом правительстве США: плантатор из Вирджинии Томас Джефферсон и адвокат из Нью-Йорка Александр Гамильтон. В результате сложного политического компромисса между гос-секретарём Джефферсоном, за которым стоял аграрный Юг, и первым американским министром финансов Гамильтоном, за которым стоял мануфактурный Север, решили строить новую федеральную столицу.

Работая в тесном сотрудничестве с Джефферсоном, военный инженер П. Ланфан подал на утверждение предварительный план в июне 1791 года, а в сентябре получил письмо от членов комиссии по руководству проектом с сообщением, что «федеральный округ будет называться „Колумбией“ (в те времена романтический синоним Нового Света—*Л. С.*), а сама столица—городом Вашингтоном». Ушедший на покой первый президент США одобрил это решение, и даже наметил само место строительства Белого дома (неподалёку от своего имения Маунт-Вернон). К слову, неравнодушный к церемониалу генерал Вашингтон предлагал величать главу правительства как «Его Высочество Мощь и Сила, Президент Соединённых Штатов Америки и Протектор их свобод». Конгрессмены не согласились.

На красноватой местной почве строился величественный полис, достойный своей будущей славы. У новых столиц, бросивших вызов мировым державам, были французские отцы. Пьер-Шарль Ланфан проектировал «город великолепных расстояний»—дальнее эхо барокко в Северной Америке. Зодчий Жан-Батист Александр Леблон создал генеральный план строительства Санкт-Петербурга.

Судьба обоих парижан оказалось незавидной. Ланфан не нашёл общего языка с «отцом нации» Вашингтоном, был обойдён причитавшимся жалованием, уволен и умер в бедности. Главный архитектор Петербурга Леблон был оскорблён и избит вспыльчивым царём Петром, от чего слёг в горячке и с постели уже не поднялся.

Когда-то профессор Московского университета, создатель Музея изобразительных искусств Иван Цветаев сетовал: «Несчастная мы страна! У нас своей античности нет!» Столь же остро ощущал масштаб проблемы в бывших колониях юрист и философ Томас Джефферсон. Автор Декларации независимости

США в дополнение ко множеству талантов был неплохим архитектором-классицистом. По проектам Джефферсона возводились его собственная усадьба «Монтиселло», университет штата Вирджиния, Капитолий в Ричмонде (столице Вирджинии). Эстетика суровой природы и индейской топонимики уступила место античной аллегории. Здесь, с оглядкой на древних, создавалась некая новая утопия, имя которой было Республика.

«Огромно влияние Джефферсона, избранного в 1800 году президентом США, на облик американской столицы — при нём строился Капитолий, Белый дом, судебные здания, менялась Пенсильвания-авеню, — писал Пётр Вайль. — Если есть в мире второй, после Виченцы, палладианский город — это Вашингтон. Точнее, он первый: потому что подлинный, исторический Палладио в своём городе пробовал и искал — в Вашингтоне же использовано уже найденное, отобранное, проверенное не только итальянской, но и британской, и уже своей американской практикой. Вашингтон — столица палладианства».

Томас Джефферсон также предлагал множество названий для осваиваемых Западных Территорий. Среди предлагаемых им топонимов были: Полипотамия, Ассенисипия, Черсонесия, Пелисипия, Макропотамия и Метропотамия. Интересно, что в центре Вашингтона, помимо Потомака, имеется речка Тибр (*Tiber*), ныне спрятанная в трубу под Национальным моллом.

Рождение общества на новой политико-социальной основе, общий подъём национального самосознания вызывали ориентацию на античные образцы. Для Бостона был естествен республиканский дух с торжественно-монументальной архитектурой первого в стране Капитолия (Massachusetts State House). В Петровскую же эпоху актуальными оказались ассоциации с величием Римской империи, начиная с присвоения Сенатом Петру I титула императора и заканчивая гербом Санкт-Петербурга, в котором отразились элементы герба Вечного города.

Классицизм в Америке оставил не менее впечатляющее наследие, чем в России XIX века — от могучих федеральных коринфских колоннад до скромных деревянных портиков провинциальных усадеб по всей стране. Имперский дух северной русской столицы стал предметом иронии А. К. Толстого:

> В мои ж года хорошим было тоном
> Казарменному вкусу подражать,
> И четырём или осьми колоннам
> Вменялось в долг шеренгою торчать
> Под неизбежным греческим фронтоном.

В Штатах классицизм получил название «греческое возрождение» — упор делался на ценности народной демократии и просвещения. Учёный Бостон долгое время именовали «Афинами Америки», а в ковбойском Нэшвилле даже воздвигли точную копию Парфенона. По поводу последнего было много насмешек, но давайте помнить, что «неотёсанные» первопроходцы Нового Света, пилигримы и пуритане, пересыпали устную речь и эпистолы цитатами из великих греков и римлян.

«Вашингтон, — писали Ильф и Петров, — со своими невысокими правительственными зданиями, садами, памятниками и широкими улицами — похож немножко на Вену, немножко на Берлин, немножко на Варшаву, на все столицы понемножку. И только автомобили напоминают о том, что этот город находится в Америке».

«Нестоличный» облик Вашингтона, подмеченный в «Одноэтажной Америке», определился двумя градостроительными факторами: запретом на строительство высотных зданий, который действует по сей день, и обилием парков — Вашингтон считается одной из самых зелёных столиц в мире. В рассказе «Тоня» осталось впечатление Ильфа и Петрова от поездки в близлежащий Маунт-Вернон, имение первого президента страны: «Здесь было тихо, чисто, давно отлетела отсюда бурная жизнь, когда во двор влетали гонцы на запаренных лошадях, когда сколачивались Соединённые Штаты Америки. Осталась только идиллия старосветской помещичьей жизни, как будто здесь жил не страстный Джордж Вашингтон, а какие-то американские Афанасий Иванович и Пульхерия Ивановна, мистер энд миссис Товстогуб».

Интересно, что один из самых старых и престижных районов федеральной столицы, университетский Джорджтаун, носит имя не первого президента страны, но его заклятого врага, английского короля Георга. Американцы избежали послереволюционной эпидемии тотальных переименований.

«Провинциальность» относительно небольшого Вашингтона сбивала с толку не только Ильфа и Петрова. Один из первых русских визитёров дипломат Павел Свиньин писал в 1814 году: «Дворецъ Президентовъ, въ глазахъ Петербургскаго жителя, не заслуживаетъ никакого вниманія».

В августе того же 1814 года, в разгар второй англо-американской войны, Альбион высадил десант морской пехоты, который захватил и сжёг Белый дом, здания Капитолия, государственного департамента, федерального казначейства и нескольких министерств. Вломившиеся в спешно покинутый своими хозяевами Белый дом английские солдаты нашли на столе остывающий ужин для президентской четы. Среди всеобщей паники и мародёрства скромный писарь госдепа Стивен Плезонтон по собственной инициативе принёс из дома холщовые мешки, в которых вывез на подводе и спрятал за городом оригиналы Декларации независимости, Конституции США, Билля о правах и другие манускрипты республики. Ни до, ни после того жаркого августовского дня сей «неприметный герой», американский Башмачкин, ничем себя не проявил.

К вечеру на Вашингтон обрушился невиданной силы грозовой дождь, а через центр города прошёл торнадо. Ветер сносил крыши домов, валил деревья и даже убил перевернувшейся пушкой двух британских артиллеристов. Королевские гренадеры, выполнив свою задачу, погрузились на корабли. По счастливой случайности, буря и последовавший проливной дождь погасили пожарища, сохранив несущие стены Белого дома, выстроенные из песчаника. Сегодня метеослужба США утверждает, что это был единственный ураган в Вашингтоне за весь период наблюдений.

Британский адмирал Джордж Кокберн по окончании войны заказал свой парадный портрет в полный рост на фоне пылающего Вашингтона—картина сейчас находится в ко-

Библиотека Конгресса США в Вашингтоне

ролевском Морском музее в Гринвиче. Вернувшегося на родину адмирала отметили высокой наградой — орденом Бани — и дали особой важности поручение: отвезти пленного Наполеона на остров Святой Елены. Здесь сэр Кокберн оставался в течение нескольких месяцев в качестве губернатора острова и первого тюремщика французского императора.

В вашингтонском пожаре помимо исторических интерьеров погибли три тысячи томов парламентской библиотеки. Одна из книг сохранилась — Кокберн оставил себе на память приходно-расходную книгу федерального правительства за 1810 год. Через несколько лет экс-президент Томас Джефферсон продаст в Вашингтон своё обширное книжное собрание, лучшее в Северной Америке, положив начало Библиотеке Конгресса США.

В последний раз Вашингтон был прифронтовым городом в годы Гражданской войны. Сразу за рекой Потомак начиналась Вирджиния, территория мятежного Юга. По приказу президента Линкольна, в 1861 году столицу обнесли полукольцом фортов. Президент приезжал из Белого дома наблюдать за строительством и однажды чуть не встретил свою пулю на бруствере. Здесь можно долго говорить о судьбе. В годы войны старший сын Авраама Линкольна едва не попал под поезд на столичном вокзале. Его успел вытащить актёр вашингтонского театра Джон Бут. За несколько дней до окончания Гражданской войны, в апреле 1865 года, президент Линкольн был застрелен в театральной ложе тем же актёром, сторонником Юга Джоном Бутом.

Нынешняя внешне размеренная жизнь американской столицы нарушается в основном политическими катаклизмами: скандальными сенатскими расследованиями, импичментами президентов, маршами протестов. «Текут мутные воды Потомака»,—десятилетиями оповещали советских читателей и телезрителей кремлёвские пропагандисты. Одно из «кривых зеркал» истории: в шифровках советского посольства в годы холодной войны американская столица фигурировала под символическим названием «Карфаген».

У Вашингтона есть выборный мэр, но принципиальные для города решения принимаются напрямую Конгрессом США. При этом своих законодателей жители столицы не выбирают. Отсюда шутливое выражение на номерных знаках местных автомобилей: «Налоги без представительства». В 1878 году Конгресс принял специальный акт, согласно которому границы федеральной столицы и округа Колумбия сравнялись, объединив Вашингтон, Джорджтаун и другие территории. Но историческое имя настолько вошло в обиход, что используется по сей день, хотя официальное название американской столицы — District of Columbia (сокращённо — D.C.) Поэтому местные жители, чтобы не путать свой Вашингтон с одноимённым штатом на западе страны, в разговорной речи обычно именуют город «Ди-Си».

Развивая через полвека аллюзии Ильфа и Петрова, житель двух столиц Василий Аксёнов написал: «Здесь, на Капитолийском холме, между Конгрессом и Библиотекой, когда сквозь деревья со всех сторон просвечивают колоннады, ты можешь вспомнить Санкт-Петербург, перед раскрашенными фасадами Джорджтауна поймать ощущение отчуждённой, но присутствующей Британии, в открытых кафе Дюпон-серкла нельзя не уловить дух Парижа и, наконец, среди новых стеклянных поверхностей даунтауна поймать пульсацию современной космополитической эстетики».

Вашингтонская Национальная галерея искусства, открытая президентом Рузвельтом в 1941 году, вывела город в мировые культурные столицы. Палладианских форм и имперских размеров музей оказался также памятником советско-американских отношений тех времён. Ильф и Петров никак не могли знать о «кривых зеркалах» истории, да и слышавшие об этих государственных тайнах хранили молчание до распада Советского Союза. В романе Солженицына «В круге первом» один из обитателей сталинской «шарашки» попал за решётку именно за то, что сболтнул кому-то о продаже картин из Эрмитажа. За такие «упоминания» тогда давали не менее десяти лет лагерей.

Государственный Эрмитаж и другие крупные художественные собрания начали «дербанить» почти сразу после прихода большевиков к власти. Поначалу на распродажах реализовывали не главное: мебель, фарфор, декоративно-прикладное искусство. Аукцион в «Двенадцати стульях», где Остап Бендер и Киса Воробьянинов торговали гостиный гарнитур, — одна из правдивых примет эпохи нэпа. Ко времени написания «Золотого телёнка» большевики создали государственную контору «Антиквариат», которая начала опустошение величайшего музея мира.

Промышленник и банкир Эндрю Меллон, министр финансов при трёх президентах США, инкогнито приобретал эрми-

Вашингтонская
Национальная галерея

тажные картины для задуманной им столичной коллекции. В 1929–1931 годах через три посреднические фирмы в Берлине, Лондоне и Нью-Йорке Меллон купил у Эрмитажа два десятка произведений мирового уровня, в том числе «Благовещение» ван Эйка, «Поклонение волхвов» Боттичелли, «Мадонну Альба» Рафаэля, а также полотна Рембрандта, ван Дейка, Тициана, Рубенса. Советский Союз даже не знал, куда уплывают его шедевры, продаваемые по демпинговой цене. Бывшее собрание императрицы Екатерины II составило ядро вашингтонской Национальной галереи — самого большого в мире мраморного дворца, возведённого на деньги Меллона. Олигарх настоял на том, что ни его коллекция, ни сам музей не будут носить его имени.

Илья Ильф и Евгений Петров смогли побывать на сенатских слушаниях и в Белом доме на одной из встреч Франклина Рузвельта с журналистами. Событие осталось без должного освещения, словно регулярные пресс-конференции Сталина в Москве были делом обыденным. Ильф и Петров плохо понимали беседу, и дружеское общение президента с бойкими журналистами без заранее заготовленных вопросов-ответов могло не произвести впечатления. Вероятнее же всего, неудобные политические сравнения были опущены, дабы не погубить будущую книгу.

История американского революционного XVIII века совершилась главным образом в Бостоне и Филадельфии. Гранитно-мраморный Вашингтон, отстроив три структуры федеральной власти, стал основным творцом дальнейшей политической истории республики. Первым же из великих деяний, случившихся в только что основанной столице, был грандиозный земельный договор, покупка Луизианы у Франции.

Третий президент США Томас Джефферсон инициировал сделку весной 1803 года. За 15 миллионов долларов Наполеон продал ненужные ему девственные земли, лежащие к западу от реки Миссисипи. Без единого выстрела, росчерком гусиных перьев на пергаменте Соединённые Штаты увеличили свою территорию вдвое. Приобретение двух миллионов квадратных километров прерий, речных долин и гор, на которых впоследствии полностью или большей частью расположились 15 американских штатов, считается самой крупной и выгодной операцией с недвижимостью за всю человеческую историю.

Из скромного вашингтонского кабинета Джефферсона началась эпическая биография американского Запада. Новый век, по определению писателя Ирвинга Стоуна, стал «эпохой ярких, драматических, бурных и героических саг о продвижении рода человеческого по Земле». Эта биография пишется по сей день.

ЗАЛИВ БИСКЕЙН

Любое путешествие хорошо завершать отдыхом у моря. «Флорида — чудо вод, чудо древес, чудо небес», — писал друг Маяковского художник Давид Бурлюк, один из первых российских иммигрантов, открывших для себя субтропический штат. В 1962 году, на пятнадцатилетие собственной флоридской «зимы», Бурлюк сказал:

> Пятнадцать зим —
> Писали там лазурь,
> Вод изумрудных дали
> Рощ апельсиновых
> чудесно-урожай
> И птиц морских
> раздумных стаи...

Писатели не посетили пальмовый рай Флориды. Из писем Ильфа известно, что они встречались с Бурлюком в Нью-Йорке, а Хемингуэй звал их к себе в Ки-Вест. Рискнём предположить, что Флорида не произвела бы на авторов должного впечатления: слава Эверглейдса, Орландо, Ки-Веста и мыса Канаверал лежала далеко впереди. А Майами, неофициальная столица штата, только входил в роль модного курорта с оттенком декаданса.

У Майами также нет «священных руин», хотя полуостров Флорида был первой материковой землёй, открытой европейцами. В 1513 году соратник Колумба конкистадор Хуан Понсе де Леон в поисках мифического источника «вечной молодости», сошёл на берег залива Бискейн, который назвал *La Tierra Florida* («земля цветущая»).

Илья Ильф с женой

Следующие две сотни лет эти земли оспаривали у кастильской короны Франция и Англия. Окончание Семилетней войны в Европе внесло изменения в американские географические карты: в 1763 году Мадрид отдал Флориду Великобритании в обмен на Гавану. В первой половине XIX века, когда началось активное освоение территории (ещё не штата) Флорида, разыгрались события, описанные Майн Ридом в романе «Оцеола, вождь семинолов».

«Солнечный штат» замкнул один из кругов истории, связанных не с геополитикой, а с человеческими устремлениями. Первооткрыватель полуострова Понсе де Леон горел желанием отыскать чудодейственный родник вечной молодости. Историки говорят, что конкистадор набрал, наверное, самый старый и немощный экипаж в истории морского флота: в желающие омолодиться шли потрёпанные жизнью, беззубые и тугоухие. Как писал об этом предприятии Генрих Гейне, «И уж многие заране/ Тот напиток предвкушают/ И качаются от счастья,/ Как на рейде корабли».

Первый губернатор Флориды, несмотря на все усилия, «живой воды» не отыскал (но открыл великую «морскую реку», впоследствии названную Гольфстримом). А четыреста с лишим лет спустя штат стал любимым местом поселения американских пенсионеров—бодрых, подтянутых, жизнерадостных, с белозубой улыбкой от хороших дантистов.

Родной город Ильфа и Петрова, вполне в духе эпохи Великих географических открытий, был основан потомком конкистадоров, каталонским идальго на русской службе Хозе де Рибасом. Имя его осталось в названии центральной улицы города Дерибасовской. Европейский колонизатор начал строить Одессу на месте захваченной им оттоманской крепости Ени-Дунья, имя которой по-русски означало «Новый Свет».

Другой известный градоначальник, шевалье Александр Ланжерон, учредивший в Одессе порто-франко, до этого отличился в сражениях Войны за независимость США, а победоносный главнокомандующий Джордж Вашингтон сделал его кавалером ордена Цинцинната. Их младший современник, американский морской офицер Джордж Зонтаг, стал начальником одесского порта, женился на племяннице В. Жуковского и водил в Одессе знакомство с Пушкиным.

Причерноморье отвоевывалось у Оттоманской Порты, Флорида — у дряхлевшей Иберийской империи. Обе географические области оказались культурными провинциями Средиземноморья. Отсюда и схожие латинско-левантийские топонимические ассоциации. «Когда-то, лет сто тому назад, Черноморск был действительно вольным городом, и это было так весело и доходно, что легенда о „Порто-Франко“ до сих пор ещё бросала золотой блеск на светлый угол кафе „Флорида“», — пассаж из «Золотого телёнка».

Подобно американским портовым мегаполисам Одесса стала «плавильным котлом» для половины света: англосаксы, итальянцы, армяне, греки, русские, евреи… Майами добавил в сей славный список кубинцев и пуэрториканцев.

В августе 1867 года Марк Твен посетил черноморский порт: «По виду Одесса точь-в-точь американский город: красивые широкие улицы, да к тому же прямые; невысокие дома (в два-три этажа) — просторные, опрятные, без всяких причудливых украшений; вдоль тротуаров наша белая акация; деловая суета на улицах и в лавках… Куда ни погляди, вправо, влево, — везде перед нами Америка!»

Биограф Одессы профессор Джорджтаунского университета Чарльз Кинг писал об одном из колоритных городских персонажей конца XIX века — индейце из племени лакота-сиу по имени Ураган, который остался жить в «Южной Пальмире» и имел успех на театральных подмостках. «Можно представить, как… артист с Великих американских равнин, обливаясь потом в душной лавчонке на Молдаванке, пытался объяснить еврею-портному, каким именно должен быть костюм индейца».

Судьбу обоих городов определил коммерческий «дух Меркурия», точнее, истории с апельсинами. Взошедший в 1796 году на престол Павел I, ненавидевший мать-императрицу, прекратил финансирование строительства недавно заложенной по указу Екатерины II Одессы. Первый архитектор города, брабантский инженер Франц де Волан (ранее строивший голландские поселения в Америке) был уволен. По легенде, выход нашли сметливые одесские купцы, отправившие Павлу I в подарок обоз с тремя тысячами «греческих померанцев». Шутливая ильфопетровская телеграмма «Грузите апельсины бочками» имела историческую подоплёку — сменивший гнев на милость император выдал гигантскую сумму на развитие Одессы.

В отличие от сотен молодых американских городов, где верховодили крепкие, уверенные в себе мужчины, краеугольный камень Майами был заложен хрупкой, но деловой женщиной. В 1891 году Джулия Туттл из штата Огайо скупила огромную плантацию цитрусовых, расширив изначально небольшой участок флоридской земли, доставшийся ей в наследство от отца. Зимой 1894 года штат пережил несколько необычайно холодных дней, и в результате был уничтожен практически весь урожай апельсинов. Единственным регионом, который не пострадал от заморозков, оказался район вдоль речки с индейским именем Майами.

Туттл обратилась к своему земляку, кливлендскому железнодорожному магнату Генри Флэглеру, чтобы тот протянул колею к её угодьям. Многие уже отказали странной мадам, но Флэглер (деловой партнёр самого Дж. Д. Рокфеллера) поверил. Взлетевшие в цене апельсины начали бесперебойно поступать на американский рынок. «Мать Майами» Джулия Туттл и Генри Флэглер впоследствии построили здесь первый вокзал и первую гостиницу.

Из гадкого утёнка — посёлка на болоте в начале прошлого века — Майами превратился в белого лебедя — рафиниро-

Район Саус-Бич
в Майами

ванный культурный центр не только Флориды, но и современной Америки. Белокаменный неофит даже обзавёлся собственными историческими мифами, живущими в районе особняков стиля ар деко, невероятными слухами о вложенных в недвижимость Майами российских миллионах или же мелодраматической гибели модельера Версаче на ступенях собственного дома, ещё не ставшей сюжетом мюзикла или рок-оперы.

Как повествует одна из легенд Майами, закат знаменитого гангстера Аль Капоне начался именно здесь. В один из февральских дней 1929 года на берегу Бискейнского залива проводил отпуск президент Герберт Гувер. К неудовольствию главы государства, покой его семьи нарушала шумная компания, веселившаяся ночи напролёт в соседнем доме. Как позже выяснилось, там гуляли чикагские мафиози во главе с самим Аль Капоне. Один из сотрудников охраны, отправленный для переговоров к соседям, вернулся обескураженным: ему нахамили и даже угрожали. Интеллектуал Герберт Гувер не одобрял отсутствие хороших манер. Посему он распорядился заняться делами Аль Капоне вплотную. Так началось крушение подпольной империи крупнейшего американского гангстера, оказавшегося в итоге в зловещей калифорнийской тюрьме Алькатрас. А Ильф и Петров, посетив эту темницу на острове, отметились её колоритным описанием—естественно, с упоминанием «короля мафиози».

В черновиках Пушкина, которого не пускали за границу, осталась мечта доплыть до «девственных лесов / Младой Америки—Флориды». У российских эмигрантов «солнечный штат» большей частью вызывал ощущение лёгкого, несколько сказочного праздника. Как писала в «Курсиве моём» Нина Берберова, «где сто лет тому назад ещё были девственные леса (о чём мы читали в наших детских книгах), а сейчас на водных лыжах летят за моторной лодкой полурусалки-полушкольницы и потом, лохматые и босые, выжимают апельсины в толстый ледяной стакан там, где играет музыка и качаются пальмы, шелестя особым звуком, металлическим, похожим на человеческий шёпот».

В районах Большого Майами есть свои аркадии, ланжероны и лиманы. Подобно старой Одессе, флоридская «жемчужина у моря» повидала на своём веку немало примечательных персонажей: успешных коммерсантов и контрабандистов, спекулянтов землёй и девелоперов, заезжих знаменитостей и собственных эксцентриков. Оба города объединяет важнейшее из качеств: им выпало родиться на периферии империи, но не стать «глухой провинцией у моря».

К концу двадцатого столетия Майами совершил невиданный рывок: вырос в один из наиболее важных финансовых центров страны, став штаб-квартирой многих больших транснациональных бизнес-групп. Порт Майами превратился в одну из самых загруженных морских гаваней в мире, а международный аэропорт—в самые большие ворота из США в Центральную и Южную Америку. Но всё же Майами, как и Одессу, при всей несхожести исторических судеб, отличает собственный стиль, особый, южный вкус к жизни и мифологизация прошлого.

Ар деко оказался последним роскошным стилем двадцатого столетия и самым американским из всех существовавших в истории. Стилем дорогих яхт и небоскрёбов, ярких кабриолетов и эксклюзивных интерьеров. Если гулливер Нью-Йорк украсил себя таким манифестом ар деко, как стальной небо-

Эстетика ар деко

скрёб Крайслер-билдинг, то Майами предложил гедонизм частной жизни. По другую от делового Майами сторону Бискейнского залива, в районе Саус-Бич (South Beach), находятся около девятисот двух-трехэтажных особняков, строившихся в 1920–30-х годах и составивших самую большую коллекцию архитектуры ар деко в мире.

В Америку ар деко попал после знаменитой парижской Международной выставки декоративного искусства 1925 года. Обмен был взаимным: в тот же год известная гарлемская певица и танцовщица Жозефина Бейкер имела грандиозный успех на Елисейских полях в *La Revue Negre* («Чёрном Ревю»), вызвав в Париже повальное помешательство джазом. Недаром ар деко в Америке именовали «джазовым модерном» — стилем-импровизацией со свингующими и синкопированными ритмами.

Одной из «икон стиля» был французский иммигрант еврейского происхождения Рэймонд Лоуи, которого теоретики искусства считают «дизайнером, изменившим лицо Америки». Парижанин, ветеран Первой мировой войны, перебравшийся в 1919 году в Штаты, брался буквально за всё — от оформления обложек модных журналов до дизайна сверхтяжёлых локомотивов. Многое из того, что стало американским брендом — логотипы бензоколонок, стильные формы автомобилей, радиоприёмников, холодильников, — было рождено фантазией Лоуи. Даже привычная сегодня бутылочка кока-колы родилась как эстетская задумка француза: в форме юбки «гадэ» с перехватом ниже коленей.

Как существует термин «магический реализм», придуманный для Габриэля Гарсия Маркеса, сочетающий действительность и фантасмагорию, так возник термин «тропический ар деко», в котором соединена элегантная геометрия зданий, образующих ритмические композиции, в томной гармонии с бледно-розовыми, лимонными, фисташковыми, персиковыми и мятными оттенками фасадов. Во всей полноте «тропический ар деко» существует только в Майами, облекаясь с годами лёгким ностальгическим флёром.

«Это был век чудес, это был век искусства, это был век крайностей и век сатиры, — живописал эпоху Скотт Фицджеральд. — Век джаза кажется теперь таким же далёким, как довоенные времена. Да и то сказать, ведь всё это была жизнь взаймы — десятая часть общества, его сливки, вела существование беззаботное, как у герцогов, и ненадёжное, как у хористок. Легко читать теперь мораль; однако как хорошо было, что наши двадцать лет пришлись на такой уверенный в себе и не знавший тревог период истории… Дороже денег ценилось обаяние, репутация, да и просто хорошие манеры».

Ар деко выразил суть Майами. Пляжи и пальмы, коктейли и синематограф, отели и дансинги завершили изысканную декоративность стиля, словно рождённого для города-праздника. Как писал Генри Миллер, «нам в нашей стране явно не хватает — и мы даже не сознаём, насколько не хватает, — фантазёра, вдохновенного безумца». В богемно-оранжерейном мире променадов, салонов и галерей Майами рано или поздно должен явиться миру собственный Мастер. Не обязательно писатель, но всегда художник.

НЕЗАВЕРШЁННАЯ ГЛАВА

«...**Б**леснул прощальный огонёк маяка, и через несколько часов никакого следа не осталось от Америки, — заканчивалась лучшая из русских книг-путешествий XX столетия. — Холодный январский ветер гнал крупную океанскую волну».

Можно только гадать, о чём ещё могли бы легко и изящно рассказать Илья Ильф и Евгений Петров. Об исторической Новой Англии или не менее исторической Филадельфии. О первом американском празднике Дне Благодарения или весёлых «страшилках» маскарада Хэллоуин. О почтенных университетах «Лиги плюща» Гарварде, Йеле, Принстоне. О вековом соперничестве между ними, которое начинается с перечисления знаменитостей, учившихся или преподававших в той или иной alma mater, а заканчивается «битвой» на футбольном поле и азартной схваткой гребных команд.

Маршрут Ильфа и Петрова не мог охватить необъятного. К тому же увидеть столь многое и, не зная английского языка и обычаев страны, создать вдумчивую и интересную книгу — это можно смело назвать литературным свершением.

Изданная в 1936 году (сначала в журнальном варианте) «Одноэтажная Америка» оказалась последним значительным произведением довоенной советской прозы. Идеологический пресс выхолостил литературу и художественную жизнь (Ильф занёс в дневник: «Это неприятно, но это факт. Великая страна не имеет великой литературы»). Пройдут десятилетия, прежде чем увидят свет произведения Булгакова, Пастернака, Платонова, многочисленных писателей-эмигрантов.

Вскоре после первой публикации «Одноэтажной Америки» Ильф и Петров создали последнее совместное произведение,

Здание редакции газеты
«Правда» в Москве

рассказ «Тоня». К тому времени они уже многое поняли о советской действительности. Так, после поездки на Беломорканал отказались, в отличие от других известных писателей, от участия в создании хвалебной книги об этом гигантском строительном концлагере. Самые популярные из корреспондентов сталинской «Правды» не подписывали коллективных писательских воззваний против «врагов народа». Ильф выразился о надвигавшемся Большом терроре коротко: «Летит кирпич…»

История простой фабричной девушки Тони, вышедшей замуж за шифровальщика советского посольства в Вашингтоне, имеет свой подтекст. Простодушная Тоня скучает в «золотой клетке» американской столицы, английский язык не учит, произносится модное слово «ностальгия»…

Рассказ заканчивается сценой возвращения на родину «во мраке зимнего вечера»: её наблюдали Ильф и Петров из окна поезда Париж–Негорелое (тогдашняя пограничная станция). Героиня рассказа разглядывает через замёрзшее вагонное стекло «деревянную вышку, на которой стоял красноармеец в длинном сторожевом тулупе и шлеме. На минуту его осветили огни поезда, блеснул ствол винтовки, и вышка медленно поехала назад. Часового заваливало снегом, но он не отряхивался, неподвижный, суровый и величественный, как памятник». Год публикации этого рассказа 1937-й, что не требует долгих комментариев.

О своей поездке за океан Ильф и Петров писали Сталину: «Нас поразил высокий уровень американской жизни». Вслед несколько наивно прозвучало предложение, чтобы в США посылали не только технических работников, но и партийных секретарей—учиться демократическому и эффективному стилю руководства. «Великий вождь» оставил письмо без ответа.

При анализе текста «Одноэтажной Америки» заметно, как уходит из творчества тандема задорное, весёлое звучание. Кое-где ещё разбросаны искры ильфопетровского юмора: «Чистые синие холмы лежали по всему горизонту. Закат тоже был чистый, наивный, будто его нарисовала провинциальная барышня задолго до того, как в голову ей пришли первые, страшные мысли о мужчинах».

Уставшие ко второй половине трансконтинентального перехода, перенасыщенные впечатлениями, они, казалось, были неспособны ничего больше воспринять. Стиль становится суховат и хроникален, временами проскальзывает раздражение. Евгений Петров вспоминал:

…Жарким и светлым январским днём мы прогуливались по знаменитому кладбищу Нового Орлеана, рассматривая странные могилы, расположенные в два или три этажа над землёй. Ильф был очень бледен и задумчив. Он часто уходил один в переулочки, образованные скучными рядами кирпичных побелённых могил, и через несколько минут возвращался, ещё более печальный и встревоженный.

Вечером, в гостинице, Ильф, морщась, сказал мне:

—Женя, я давно хотел поговорить с вами. Мне очень плохо. Уже дней десять, как у меня болит грудь. Болит непрерывно, днём и ночью. Я никуда не могу уйти от этой боли. А сегодня, когда мы гуляли по кладбищу, я кашлянул и увидел кровь. Потом кровь была весь день. Видите?

Он кашлянул и показал мне платок.

Давний туберкулёз, диагностированный у Ильфа в начале 1920-х, вновь открылся в Америке и привёл к кончине писателя в Москве 13 апреля 1937 года. Возможно, и отсюда несколько скомканное окончание путешествия и минорная тональность последних страниц книги.

«Умирать всё равно будем под музыку Дунаевского и слова Лебедева-Кумача…» — говорил в конце жизни Ильф. Его «Записные книжки» ждали бесцензурной публикации тридцать лет. Среди россыпи ильфовских афоризмов встречается и символическое определение СССР, для которого автор использовал заглавие дореволюционной книги М. Пришвина «В краю непуганых птиц». Илья Ильф написал: «Край непуганых идиотов», а рядом добавил слова: «Самое время пугнуть».

А вот ещё одна грустная шутка Ильи Арнольдовича: «Говорил „слушаю“ в телефон, всегда не своим голосом. Боялся». Осенью 1933 года во время съёмок самой весёлой советской кинокомедии «Весёлые ребята» Г. Александрова арестовали сценаристов фильма Николая Эрдмана и Владимира Масса, с которыми писатели были хорошо знакомы. Затем настанет черёд одессита Исаака Бабеля, работавшего над сценарием «Цирка».

Ещё при жизни Ильфа был арестован и объявлен «врагом народа» Владимир Нарбут, поэт и директор издательства «ЗиФ», выпустивший «Двенадцать стульев» и «Золотой телёнок», затем — друг и лучший иллюстратор Ильфа и Петрова Константин Ротов. Сгинет в лагере Осип Мандельштам, один из первых рецензентов молодых писателей. Погибнут почти все советские дипломаты, с которыми литераторы имели дело в Вашингтоне и Нью-Йорке. «Кирпичи» падали совсем близко: тесть Петрова исчезнет на Колыме.

В одном из поздних киносценариев Евгения Петрова появляется отвратительный образ эпохи: «Гусаков (завклубом — Л. С.), по обыкновению в подтяжках и кепке, высунув язык, сочиняет донос. Делается это при помощи на редкость невинных орудий — тоненькой школьной ручки и чернильницы-невыливайки».

Евгений Петров намеревался написать книгу «Мой друг Ильф», но мешал внутренний кризис, связанный с потерей соавтора. Писатель понимал, что немало тем оказалось под идеологическим запретом, о многих из друзей писать опасно.

Писательский дом в Лаврушинском переулке, последний адрес Ильфа и Петрова

Потом началась война. Фронтовой корреспондент Петров много раз бывал на передовой, под бомбами, получил сильную контузию. Он погиб 2 июля 1942 года: самолёт, на котором писатель возвращался в Москву из осаждённого Севастополя, потерпел аварию в ростовских степях. Разбились пилот и штурман самолёта. И только один из 12 пассажиров. У выживших были множественные травмы, у Петрова—лишь одна, но несовместимая с жизнью: перелом височной кости.

Ильф и Петров ушли из жизни в возрасте 39 лет, их творческое сотрудничество продолжалось всего десять лет. Но созданное ими выдержало проверку жестоким веком, их романы любимы до сих пор, а цитаты из книг ушли в народ. В условиях советского времени острословие Ильфа и Петрова стало классикой инакомыслия. Ещё в 1930 году Михаил Булгаков в «Письме к Советскому правительству» сказал: «Не мне выпала честь выразить эту криминальную мысль в печати. Она… блестяще и точно укладывается в одну формулу: всякий сатирик в СССР посягает на советский строй».

В 1948 году Секретариат Союза писателей признал романы Ильфа и Петрова антисоветским пасквилем: «Авторы позволяют себе вкладывать в уста всяких проходимцев и обывателей пошлые замечания в духе издёвки и зубоскальства по отношению к историческому материализму, к учителям марксизма, известным советским деятелям, советским учреждениям».

Из поздних записей Евгения Петрова: «Надпись под деревом в Никитском саду: „Лжекаштан конский". Мне нравится эта откровенность науки. В жизни так не бывает. На дверях кабинетов не висят таблички: „Назаров—лжепредседатель по делам искусств" или „Ставский—лжеответственный секретарь Союза писателей"».

Если раньше бдительные редакторы выбрасывали чересчур острые места из «Двенадцати стульев» и «Золотого телёнка», то теперь сами писатели подлежали изгнанию из советской культуры. Последовали разоблачительные отзывы сталинских «литературных генералов»: А. Фадеева, А. Суркова, Б. Горбатова, П. Павленко. Произведения Ильфа и Петрова стали изымать из библиотек. Запрет на переиздания был закреплён специальным постановлением ЦК ВКП(б), действовавшим до 1956 года.

Особенность новой послевоенной компании заключалась в следующем: наряду с травлей Ахматовой, Зощенко, Шостаковича изгнанию из советской культуры подлежали уже ушедшие из жизни сатирики. «Раньше десять лет хвалили, теперь десять лет будут ругать. Ругать будут за то, за что раньше хвалили. Тяжело и нудно среди непуганых идиотов…»—высказался Ильф в 1937 году в «Записной книжке».

Судьба мистера Адамса—третьего персонажа «Одноэтажной Америки» Соломона Трона—оказалась не менее примечательной. Известно, что он встретился с Евгением Петровым в Москве в мае 1937 года (спустя два месяца после смерти Ильфа). Писатель подарил ему только что изданную в твёрдом переплёте «Одноэтажную Америку» с подписью: «Дорогим Тронам в благодарность за помощь». Надпись короткая, осторожная. Биограф Трона Д. Ивенс писал, что американец выглядел совершенно убитым происходившими в Москве судебными политическими процессами. Больше соавторы «Одноэтажной» никогда не увиделись.

Будучи искренним сторонником социализма, Евгений Петров в записных книжках пускался в опасные откровения: «Ни в одном из современных энциклопедических словарей нет слов: честь, честность, любовь, верность, преданность.

Когда происходила Октябрьская революция, эти идеалистические понятия были заменены ленинской формулой о том, что морально то, что полезно пролетариату. Но революция победила. Следовательно, лозунг „Морально то, что полезно пролетариату" должен быть заменён лозунгом — „Морально то, что полезно народу", то есть человечеству…»

В «Одноэтажной Америке» всесведущий мистер Адамс уверенно предсказывал Вторую мировую войну. Он ошибся в прогнозе всего на один год (1940). В январе того военного 1940 года Соломон Трон и его жена Флоренс Вагнер — та самая Бекки из «Одноэтажной Америки» — совершили ещё одно великое путешествие. Они отправились на пароходе в оккупированную нацистами Европу. Как представители нейтральной державы с дипломатическими паспортами, супруги организовали сложную схему спасения европейских евреев. Они выдавали визы Доминиканской республики «сельскохозяйственным рабочим» и переправляли затем беженцев через нейтральные Швейцарию и Португалию. В мае 1940 года их деятельность прервалась с нападением Гитлера на Францию. Как вспоминали очевидцы, Соломон по приезде внешне выглядел тем же бодряком (он спас более двухсот семей австрийских, чешских и польских евреев), а его молодая жена Флоренс за шесть месяцев стала седой.

Весной 1945 года президент Рузвельт назначил С. Трона членом союзнической комиссии по репарациям. В этом качестве он принимал участие в Потсдамской конференции. Генерал-эмигрант, бывший заместитель военного министра Временного правительства Виктор Яхонтов, хорошо знавший Трона, вспоминал:

> Последний раз мы встречались с ним уже в конце войны… Он уже был довольно больным человеком, старость давала себя знать, но в душе он оставался все тем же «мистером Адамсом» — энергичным, любознательным, интереснейшим собеседником.

«Век-волкодав» много раз менял биографию Трона. С началом холодной войны ФБР развернуло слежку за деятельностью своего натурализованного гражданина: в нем вновь подозревали советского «агента влияния». Один из допросов произошёл в январе 1953 года в Израиле, где Соломон Абрамович работал в качестве экономического советника первого премьер-министра страны Д. Бен-Гуриона. В здании американского посольства чиновник госдепа пристрастно расспрашивал инженера о его политических взглядах. Наступили истеричные времена маккартизма, а Трон, которому исполнилось восемьдесят лет, открыто говорил о своих левых демократических убеждениях. Судя по сохранившимся материалам допроса, чиновник сказал Трону, что с такими взглядами тот может угодить за решётку или даже на электрический стул.

«Охота на ведьм» в США быстро набирала обороты. Шли чистки в профсоюзах, избавлялись от неблагонадёжных в государственных учреждениях, шельмовали «непатриотов» и составляли «чёрные списки» запретов на профессию. Мрачная реальность с длинным названием — Комиссия по расследованию антиамериканской деятельности Палаты представителей Конгресса США — заставляла вздрагивать многих левых интеллигентов. Десять режиссёров и сценаристов Голливуда (в их числе номинанты на «Оскар»), которые отказались свидетельствовать перед вашингтонской Комиссией, получили тюремные сроки. В широко циркулировавшем «Красном списке» (Red Channels) были названы полторы сотни известных «просоветских» имён, среди них композитор Леонард Бернстайн, драматург Лилиан Хельман, писатели Артур Миллер и Ирвин Шоу. После громкого суда и вынесения смертного приговора супругам Розенбергам за шпионаж в пользу СССР, многие левые, включая семью Тронов, решили перебраться в Европу. Соломон и Флоренс с дочерью обосновались в пригороде Лондона. В 1954 году американский паспорт Трона был аннулирован, а сам он лишён гражданства США.

Соломон знал нью-йоркского инженера-электрика Юлиуса Розенберга и его жену Этель (оба выходцы из еврейских семейств, эмигрировавших из России). Их казнили в июне 1953 года в тюрьме Синг-Синг — эта федеральная тюрьма в тридцати милях от Нью-Йорка была подробно описана Ильфом и Петровым в отдельной главе «Одноэтажной Америки».

Вспоминал ли в Лондоне «человек без гражданства» Соломон Трон ставшую двусмысленной сценку из книги?

> Внезапно мистер Адамс попросился на электрический стул, чтобы испытать ощущение приговорённого к смерти… Он прочно утвердился на просторном сиденье и торжественно посмотрел на всех. С ним стали проделывать обычный обряд. Пристегнули, к спинке стула кожаным широким поясом, ноги прижали браслетами к дубовым ножкам, руки привязали к подлокотникам. Шлем надевать на мистера Адамса не стали, но он так взмолился, что к его сверкающей голове приложили обнажённый конец провода. На минуту стало очень страшно… После сидения на электрическом стуле мистер Адамс внезапно впал в меланхолию и молчал всю дорогу.

Инженер Трон появился на свет и умер на совершенно непохожих планетах; в год рождения Соломона в Курляндской губернии (1872) никто не имел понятия не только об электронике, но даже о бытовом электричестве, а фантасты робко предвещали появление самолётов с паровыми двигателями. В Британии правила королева Виктория, в России царствовал Александр II, Австро-Венгрия считалась одной из мировых держав. В год, когда Трон ушёл из жизни (1969), американские астронавты совершили прогулку по Луне, зародилась генная инженерия, был создан прообраз интернета. «Если американцы когда-нибудь полетят на Луну…» — строка из «Одноэтажной Америки».

Нам мало известно, какие негласные задания в разные годы выполнял *Papa*, как звали Соломона его домашние. Он разъезжал по миру как агент электрической компании и представитель госдепа, контактировал с послами, консулами, сотрудниками различных служб и, несомненно, с агентами различных разведок. Он никогда не поведал даже близким о своей разнообразной деятельности за рубежом — отсюда такая скудость материалов для исследователей. Политические взгляды Трона, несмотря на симпатии к СССР, после войны не отличались радикальной левизной. Скорее всего, он был сторонником теории конвергенции двух систем. Взгляды, которые в Советском Союзе позднее развивал академик А. Д. Сахаров.

Единственная дочь Тронов Александра (та самая умилительная «бэби» из книги Ильфа и Петрова), осталась жить в лондонской квартире родителей, заполненной памятными фотографиями, сувенирами из разных стран, рисунками Маяковского на стенах и многочисленными бумагами отца, которые никогда не были опубликованы.

Её ровесница Александра, единственная дочь Ильи Ильфа, сохранила родительские письма и десятки фотографий из американского путешествия отца. «Дочь Ильфа и Петрова», как Александра Ильинична шутливо себя называла, подготовила несколько монографий о писателях и выпустила «Одноэтажную Америку» в их авторской редакции.

Долгожителем в литературе оказался Валентин Петрович Катаев, георгиевский кавалер, офицер белой армии и сталинский лауреат, Герой социалистического труда и первый из русских писателей — член Гонкуровской академии. В годы хрущёвской «оттепели» он дважды побывал в США, в 1959 и 1963 годах. Литературным итогом стала мемуарно-философская повесть «Святой колодец». Возвращаясь в собственное прошлое, Катаев-старший словно дописывал за Ильфом и Петровым финальную американскую главу.

> В какое бы место Соединённых Штатов я ни попадал, я всюду слышал одно: это не Америка. Вы не туда заехали. Ищите Америку где угодно, но только не здесь. Ищите, ищите, — писал Валентин Катаев. — Тогда я понял, что ни один американец не уверен, что он живёт в настоящей Америке. Он убеждён, что где-то в другом штате есть какая-то настоящая, подлинная Америка, обетованная земля для американца. Ему трудно поверить, что место, где он живёт, именно и есть та самая знаменитая на весь земной шар великая Америка.

Видевший весь русский двадцатый век, от окопов Первой мировой войны до начала горбачевской перестройки,

Валентин Катаев

Валентин Катаев открывал собственную страну за океаном, говорил своему читателю о преодолении идеологических стереотипов, о философском постижении общечеловеческих ценностей... «И с тех пор я полюбил Америку» — фраза, которую десятки лет публиковать по-русски было нежелательно.

Великий скиталец О. Генри, повидавший немало американских горизонтов, сказал в одной из своих книг: «Дело не в дороге, которую мы выбираем; то, что внутри нас, заставляет нас выбирать дорогу». Литературное путешествие как познание нового мира продолжается очень долго после того, как автомобиль вернулся в исходную точку, остановлен мотор и занесены в дом объёмистые чемоданы.

ОСНОВНАЯ БИБЛИОГРАФИЯ

Аксёнов В. В поисках грустного бэби. М.: Эксмо, 2005.

Беглые взгляды: Новое прочтение русских травелогов первой трети XX века. М.: Новое лит. обозрение, 2010.

Бурстин Д. Американцы. В 3 тт. М.: Прогресс, 1993.

Вайль П. Гений места. М.: Независимая газета, 2001.

Галанов Б. Илья Ильф и Евгений Петров. М.: Советский писатель, 1961

Горький М. В Америке. М., Воениздат, 1949.

Есенин С. Железный Миргород // Собрание сочинений: В 2 т. М.: Советская Россия, 1991.

Ильф И. Записные книжки. М.: Текст, 2000.

Ильф И. Письма не только о любви. М.: АСТ, 2008.

Ильф И., Петров Е. Американские фотографии // Огонек. № 11–23, 1936.

Ильф И., Петров Е. Одноэтажная Америка. М.: Текст, 2014.

Ильф И., Петров Е. Собрание сочинений в 5 т. М.: Гослитиздат, 1961.

Катаев В. Собрание сочинений: В 10 т. М., 1984.

Курдюмов А. В краю непуганых идиотов: Книга об Ильфе и Петрове. Paris: La Press Libre, 1983.

Литературная история США. В 3 тт. М.: Прогресс, 1979.

Маяковский В. Мое открытие Америки // Полное собрание сочинений. М., 1958.

Набоков В. Собрание сочинений американского периода в 5 т. СПб.: Симпозиум, 1997.

Одесский М., Фельдман Д. Миры И. А. Ильфа и Е. П. Петрова: Очерки вербализованной повседневности. М.: Изд-во РГГУ, 2015.

Пильняк Б. О'кей. Американский роман // Избранные произведения. Л., 1978.

Щеглов Ю. Романы Ильфа и Петрова. Спутник читателя. СПб.: Изд-во Ивана Лимбаха, 2009.

Шлёгель К. Террор и мечта. Москва, 1937. М., РОССПЭН, 2011.

Яновская Л. Почему вы пишете смешно? Об И. Ильфе и Е. Петрове, их жизни и их юморе. М., 1969.

Appel A., Jr. *The Annotated Lolita.* N.Y.: Random House, 1991.

Evans D. *The Man Who Sold Tomorrow.* Chicago: Independent Publisher Group, 2019.

Meyer P. *Find What the Sailor Has Hidden.* Middletown, CT.: Wesleyan University Press, 1988.

White E. *Nabokov: Beyond Parody//The Achievements of Vladimir Nabokov.* Ithaca, N.Y.: Cornell Center for International Studies, 1984.

Wolf E. *Ilf and Petrov's American Road Trip.* New York: Princeton Architectural Press, 2007.

СОДЕРЖАНИЕ

Приют-на-Гудзоне 11

Фантазии Скенектеди 24

История с золотым портсигаром 33

Маленький город 43

Дева туманов 52

В Мичигане 60

О провинциальной гордости 70

О коровах и людях 79

Продукты питания 90

Томас и Гекльберри 105

Облака Канзаса 113

Город синей птицы 124

Галопом через Гэллап 133

Город туманов 141

«Святая роща» 151

«Под куполом цирка» 164

Протогород 177

Мотельная история 189

Между сушей и водой 201

«Ангел без крыльев» 210

О двух столицах 221

Залив Бискейн 234

Незавершённая глава 242

Основная библиография 253

DR. LEON Y. SPIVAK, originally from Saint Petersburg, Russia, a graduate of New York University. Bostonian since 1993, he is an author of numerous articles about Russian-American cultural ties in the18th-20th centuries. His documentary novelettes "Stories of the City of Boston", "A Diplomat's Solitude", "A Colonel from New York", and "When There Was No America" are devoted to some not very well known episodes of American history.

The new book of L. Spivak, "The Land Beyond the Horizon", invites readers to discover the roads traveled by Ilya Ilf and Yevgeny Petrov while writing their famous book "One-Storied America" (1936). Leon Spivak analyses the scale of their literary voyage, learn about some of the secrets of their travelogue, analyses the literary dimensions and discloses some little-known details of their journey. He also addresses some cultural paradoxes and unexpected correlations in the historical fates of Russia and USA.

Леонид Спивак

Меж двух берегов

Издательством M•Graphics Publishing в рамках серии «Портреты на фоне эпохи» опубликована книга Леонида Спивака «Меж двух берегов», рассказывающая о судьбах европейцев и выходцев из России, волею истории оставивших яркий и необычный след по обе стороны Атлантики.

Жизненная фабула героев книги разворачивается на просторах Старого и Нового Света. Известные и полузабытые персонажи из разных исторических эпох создавали увлекательные коллизии на берегах Невы и Сены, Гудзона и Темзы, Москвы-реки и Миссисипи. Двадцать глав книги «Меж двух берегов» — переплетение имен европейцев, россиян и американцев, сложные, подчас невероятные, культурно-исторические узлы и параллели, возникавшие в разные столетия на двух полюсах мира.

Приобрести книгу можно на сайте издательства (www.mgraphics-books.com) и на Amazon.com (http://www.amazon.com/dp/1940220157)

Книга Леонида Спивака «Забытые американцы» рассказывает о судьбах двух уникальных личностей, оказавших влияние на ключевые события мировой истории: государственного секретаря Конфедеративных Штатов Иуды Бенджамина и советника двух президентов, посла США в России и Франции Уильяма Бу́ллита.

Первая часть книги посвящена Иуде Бенджамину, одному из видных деятелей американского Юга и Конфедерации, блистательному юристу, сенатору США, незаурядному государственному деятелю. Коллизий его жизни хватило бы на несколько человеческих судеб…

Вторая часть посвящена влиятельному дипломату Уилья́му Бу́ллиту. Журналист, писатель и аналитик, оставивший след на страницах романов Скотта Фицджеральда и Михаила Булгакова — в биографии нашего героя немало сюжетных поворотов.

**Приобрести книгу можно на сайте издательства
(www.mgraphics-books.com),
и на Amazon.com (http://www.amazon.com/dp/1940220254)**

Леонид Спивак

Полковник из Нью-Йорка

Книга Леонида Спивака «Полковник из Нью-Йорка» рассказывает о 26-м президенте США Теодоре Рузвельте, человеке необычной судьбы. Писатель, журналист, ученый-исследователь, незаурядный политический деятель, историк, лауреат Нобелевской премии и один из самых известных американцев — его называли «Безумным Теодором» и «Королем Тедди», его боготворили и ненавидели, о нем написано трудов не меньше, чем об «отцах-основателях» Соединенных Штатов Дж. Вашингтоне и Б. Франклине.

В нем причудливо соединились самые колоритные из черт американского характера: ковбой, охотник-пионер, шериф, смелый путешественник, бравый полковник, автор трех десятков популярных книг и сотен статей, искусный политик, бескомпромиссный идеалист…

Приобрести книгу можно на сайте издательства
(www.mgraphics-books.com),
и на Amazon.com (http://www.amazon.com/dp/1940220564)

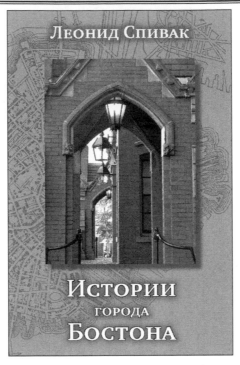

«...Бостон был основан 7 сентября 1630 года. Спустя полгода горожанину Филиппу Ратклифу отрезали уши за отсутствие набожности. Так началась история одного из самых старых и знаменитых американских городов».

Приведенные выше строки открывают книгу «Истории города Бостона». В настоящее, четвертое издание, вошли как новые, ранее не публиковавшиеся главы и исторические хроники Бостона, так и уже известные читателям очерки о Бостоне и его почти 400-летней истории. В книгу также включена повесть «Три портрета Изабеллы Гарднер», описывающая долгую и насыщенную событиями жизнь одной из самых выдающихся американских коллекционеров искусства, и которая в итоге стала основателем всемирно известного музея Изабеллы Гарднер — гордости и одной из самых интересных достопримечательностей Бостона.

Приобрести книгу можно на сайте издательства (www.mgraphics-books.com)

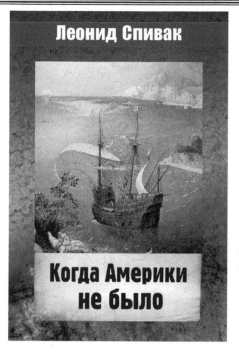

Леонид Спивак

Когда Америки не было

Новая книга Леонида Спивака «Когда Америки не было» раскрывает некоторые из тайн ранней американской истории. Почему Сервантес собирался и не попал в Новый Свет? Каким образом гибель Марии Стюарт повлияла на судьбу будущих поселенцев Новой Англии? Как имя Шекспира связано со старейшим университетом США? Таковы лишь малые из множества событий первой части книги.

Вторая часть книги представляет собой авантюрное документальное повествование, в котором сплелись интриги Версаля и мужество канадских поселенцев, судьбы мушкетеров и американские деяния кардинала Ришелье.

Фабулой третьей части книги стала острая дипломатическая дуэль Томаса Джефферсона и Наполеона Бонапарта. Ее итогом было неожиданное историческое решение, которое принял французский император, лежа в горячей ванне. Международная сделка двух гениев интриги создала США в качестве великого континентального государства...

Приобрести книгу можно на сайте издательства (www.mgraphics-books.com)